DAVID BOWIE
Low

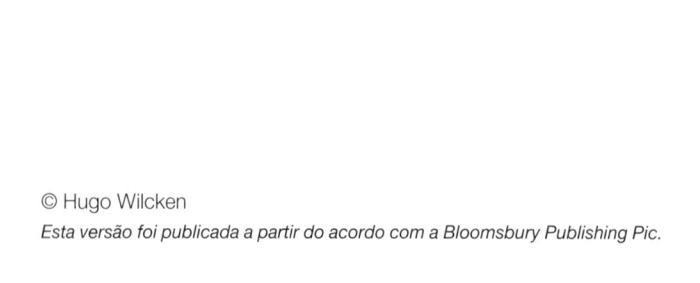

© Hugo Wilcken
Esta versão foi publicada a partir do acordo com a Bloomsbury Publishing Pic.

Hugo Wilcken

DAVID BOWIE

Low

Tradução de
Diogo Henriques e Fernanda Mello

Cobogó

SUMÁRIO

Sobre a coleção **O LIVRO DO DISCO**	7
Agradecimentos	9
Introdução	13
De *kether* a *malkuth*	17
O visitante	29
Um movimento mágico	35
Falando através da escuridão	41
O que posso fazer a respeito dos meus sonhos?	49
Esperando pela dádiva	69
Pelos pensamentos da manhã	79
"Nunca vou tocar você"	83
Je est un autre	89
Uma menininha de olhos cinzentos	93
Nada a fazer, nada a dizer	95
Voltas e voltas	101
Às vezes não chegamos a lugar algum	107

Seguindo em frente 111

Honky Château 113

Cidade de fantasmas 117

Lembra-se daquele sonho? 123

Tudo que cai 129

Pulsos 133

Vida futura 137

Saudades de casa 141

Derrube seu avião, vá embora 145

Bibliografia 147

Sobre a coleção O **LIVRO DO DISCO**

Há, no Brasil, muitos livros dedicados à música popular, mas existe uma lacuna incompreensível de títulos dedicados exclusivamente aos nossos grandes discos de todos os tempos. Inspirada pela série norte-americana 33 $^1/_3$, da qual estamos publicando volumes essenciais, a coleção O Livro do Disco traz para o público brasileiro textos sobre álbuns que causaram impacto e que de alguma maneira foram cruciais na vida de muita gente. E na nossa também.

Os discos que escolhemos privilegiam o abalo sísmico e o estrondo, mesmo que silencioso, que cada obra causou e segue causando no cenário da música, em seu tempo ou de forma retrospectiva, e não deixam de representar uma visão (uma escuta) dos seus organizadores. Os álbuns selecionados, para nós, são incontornáveis em qualquer mergulho mais fundo na cultura brasileira. E o mesmo critério se aplica aos estrangeiros: discos que, de uma maneira ou de outra, quebraram barreiras, abriram novas searas, definiram paradigmas — dos mais conhecidos aos mais obscuros, o importante é a representatividade e a força do seu impacto na música. E em nós! Desse modo, os autores da coleção são das mais diferentes formações e gerações, escrevendo livremente sobre álbuns que têm relação íntima com sua biografia ou seu interesse por música.

O Livro do Disco é para os fãs de música, mas é também para aqueles que querem ter um contato mais aprofundado, porém acessível, com a história, o contexto e os personagens ao redor de obras históricas.

Pouse os olhos no texto como uma agulha no vinil (um cabeçote na fita ou um feixe de laser no CD) e deixe tocar no volume máximo.

Agradecimentos

Obrigado à minha família, em especial a Patrick Wilcken, pela ajuda com a pesquisa e pela leitura crítica do texto. Obrigado também a David Barker, por encomendar a escrita do livro; a Nick Currie, pela interessante troca de e-mails; ao Chris da menofmusic.com, por localizar e me enviar material; e a todas as outras pessoas que me ajudaram durante a elaboração do livro. Um agradecimento especial a Julie Street, pela significativa contribuição editorial e pelo pleno apoio.

Este livro é dedicado à memória do meu amigo
Peter Meyer (1964-2003).

Introdução

A primeira vez que ouvi *Low* foi no final de 1979, logo após meu aniversário de 15 anos. Um dos meus irmãos mais velhos tinha me enviado uma fita cassete, gravada a partir do vinil. Eu estava longe da minha família e da minha Austrália natal, numa temporada de seis meses de estudos em uma escola em Dunquerque, no norte da França, com o pretenso objetivo de aprender francês. Dunquerque era um simulacro cinzento de cidade. Tinha sido destruída durante a Segunda Guerra Mundial e inteiramente reconstruída em seguida, conforme os projetos originais. Cada um de seus edifícios abrigava o fantasma de seu gêmeo bombardeado. Na periferia da cidade, uma praia ampla e desolada estendia-se por quilômetros. Na maré baixa, era possível ver os destroços de embarcações que nunca chegaram a cruzar o canal durante a desesperada evacuação das tropas aliadas em 1940. Flandres fica apenas 12 quilômetros a leste, e a paisagem no entorno de Dunquerque é semelhante — campos verdes florescentes e implacavelmente planos, um tanto desorientadores para alguém vindo da montanhosa Sydney. Durante o inverno, o céu acinzentado parecia opressivamente baixo, e a chuva fina era constante. Meu francês não era dos melhores e a comunicação era difícil, enfatizando a sensação de isolamento que por si só já constitui o estado natural de um garoto de 15 anos. *Low*, é claro, era a trilha sonora perfeita.

Os 15 anos são a idade de se recolher ao quarto, e três das cinco canções de *Low* que têm letras utilizam o recolhimento ao quarto como símbolo do isolamento. Os 15 anos são também a idade da curiosidade intelectual, de devorar livros, arte e música para acessar novos mundos da imaginação. Ao subverter minhas expectativas quanto ao que um disco pop deveria ser, *Low* parecia oferecer um vislumbre de um mundo como esse, um mundo que eu na verdade não compreendia. "Always Crashing in the Same Car" dava a sensação fantasmagórica de um sonho recorrente; "A New Career in a New Town" exibia uma nostalgia que se estendia tanto para o passado quanto para o futuro. As músicas instrumentais do segundo lado não eram pop de forma alguma, e traziam títulos alusivos como "Art Decade", "Weeping Wall" ou "Subterraneans", sugerindo civilizações em vias de extinção. O álbum deixava uma impressão assustadora.

Na década de 1980, David Bowie perdeu parte de sua mística ao se tornar um superastro, do tipo que lotava estádios, e meu interesse voltou-se para outras coisas. Mais tarde, ele de alguma forma se redimiu, mas foi só nos últimos anos que minha atenção se voltou para o que agora parece-me ser um momento fascinante de meados dos anos 1970, quando artistas como Bowie, Brian Eno ou a banda Kraftwerk estavam redefinindo o que significava interagir com os gêneros pop e rock. Em parte, tratava-se de injetar uma sensibilidade europeia, experimental, em um meio amplamente americano em sua concepção. É claro que arte elevada e arte vulgar vinham se chocando desde o aparecimento de Warhol, Lichtenstein e outros inovadores no início dos anos 1960. Mas se então era a arte que se misturava com a estética pop, o inverso acontecia em meados dos anos 1970. O pop ficou artístico. E *Low* marca o ápice desse desenvolvimento, com sua atmosfera de alienação modernista, seu expressionismo, sua mistura eclética de ritmos de R&B, eletrônica, minimalismo e técnicas orientadas por processos, sua suspeição da narrativa.

Não quero pôr *Low* em nenhuma espécie de cânone. Isso seria impor noções de valor de outra época e de uma cultura diferente. De qualquer forma, não há muito na cultura moderna que possa ser tratado desse jeito, e a cultura pop certamente não pode. Nenhum álbum pode, sozinho, levar todo o mérito de ser um grande álbum sem que se considerem todas as outras canções e todos os outros álbuns que o precederam, todo o tecido da cultura híbrida que o produziu. Essa é a força da cultura pop, não a sua fraqueza. E é por isso que, neste livro, vou falar sobre aquilo que gira em torno de *Low* quase tanto como sobre o álbum em si — observando como ele se relaciona com os outros pontos na matriz cultural, de onde veio, como se ajusta com relação ao desenvolvimento artístico de Bowie. Em suma, que ingredientes foram necessários para fazer um LP que Bowie disse certa vez capturar "um anseio por um futuro que todos nós sabíamos que nunca iria acontecer".

De *kether* a *malkuth*

No que diz respeito à música, *Low* e seus discos irmãos são uma continuação da faixa-título de *Station to Station*. Muitas vezes fico surpreso que, em qualquer álbum meu, geralmente exista uma faixa que oferece um bom vislumbre da intenção do álbum seguinte.

— DAVID BOWIE, 2001

Vejo *Low* como uma continuação de *Station to Station*, para mim um dos maiores álbuns de todos os tempos.

— BRIAN ENO, 1999

A viagem rumo a *Low* começa com os chacoalhantes pistões de uma locomotiva que abrem a faixa-título do álbum anterior de David Bowie, *Station to Station*, gravado em Los Angeles no final de 1975. Ruídos de um antigo trem a vapor aparecem gradualmente e em seguida movem-se pela paisagem auricular, do canal esquerdo para o direito. (O álbum, na verdade, foi gravado em som quadrafônico — uma daquelas esquecidas inovações hi-fi dos anos 1970 —, com o trem fazendo círculos em torno dos quatro alto-falantes.) Bowie extraíra os sons de um álbum de efeitos sonoros de rádio e em seguida os tratara em estúdio, usando equalização e inusitadas técnicas de *phasing*, dando-

-lhes o aspecto distorcido, quase irreal, característico desse estranho álbum.

Os sons do trem anunciam o tema da viagem irrequieta como metáfora espiritual, também presente em *Low* e nos álbuns seguintes a ele, que completam aquilo que Bowie chama de seu "tríptico de Berlim" (*Low*, *"Heroes"*, *Lodger*). Em termos sonoros, *Station to Station* é uma viagem em si mesmo, transitando do funk de meados dos anos 1970 da cena disco de Nova York à pulsante batida *motorik* de bandas experimentais alemãs como Neu!, Can ou Kraftwerk. A propósito, os efeitos sonoros de sua abertura são uma homenagem a "Autobahn", improvável hit do Kraftwerk de 1974 que começa com um carro dando partida e acelerando, o som também passando do canal esquerdo para o direito.

Assim como "Autobahn", "Station to Station" é um verdadeiro épico em termos de pop/rock. Com mais de dez minutos, é a maior faixa que Bowie escreveu (só a introdução instrumental já deixa para trás a maior parte das canções em *Low*). Leva mais de um minuto até que a guitarra de Earl Slick entre em cena, a princípio imitando o apito de um trem, depois o ruído de motores e rodas passando sobre os trilhos. "Consegui extrair coisas extraordinárias de Slick", disse Bowie. "Acho que a ideia de criar ruídos e texturas com a guitarra, em vez de tocar as notas certas, capturou a imaginação dele." Essa busca experimental pelo som como textura em vez de acordes e melodia está definitivamente ali, mesmo que não seja empreendida ao longo do restante do álbum.

A partir desse ponto, a instrumentação segue num crescente. Um piano metronômico de duas notas estabelece uma batida mecânica autoconsciente, que é quase imediatamente contraposta pela seção rítmica de R&B com Dennis Davis (bateria), George Murray (baixo) e Carlos Alomar (guitarra). Os improvisos funk de Alomar duelam com os ruídos da guitarra de Slick, enquanto o mellotron sobrepõe uma linha melódica contra o caos de efeitos sonoros industriais bizarros.

Antes mesmo que Bowie entoe qualquer nota, uma agenda musical está sendo construída. Para Alomar, ela era "funkeada no baixo, mas todo o resto era apenas rock-and-roll". Isso captura parte do que era essa agenda: instrumentação funk com linha melódica principal no estilo europeu. Para Bowie, "'Station to Station'" era realmente a versão em formato rock do que viria a aparecer em *Low* e *'Heroes'*. Na época, eu estava mergulhado na música eletrônica alemã — Can e todas aquelas bandas. E o Kraftwerk causou uma impressão profunda em mim". O que Bowie estava tentando fazer era uma espécie de hibridização entre o R&B que ele já havia pastichizado em *Young Americans* e as texturas e batidas das bandas *Komische* alemãs, junto com outros experimentalistas do mundo do rock e da música clássica. Essa hibridização é em grande parte apenas sugerida em *Station to Station*. Mas um novo território está claramente sendo destacado, bastante diferente de sucessos anteriores como *Hunky Dory* ou *Ziggy Stardust*, que, de uma perspectiva musical, permanecem como exemplos convencionais do rock inglês.

Após o extenso exercício funk/industrial, surgem os vocais de Bowie, e as coisas começam a ficar estranhas. A primeira meia dúzia de versos reúne um desconcertante conjunto de alusões ao gnosticismo, à magia negra e à cabala (uma escola medieval do misticismo judeu). "The return of the thin white duke, throwing darts in lovers' eyes/ The return of the thin white duke, making sure white stains" [O retorno do mirrado duque branco, a arremessar dardos nos olhos dos amantes/ O retorno do mirrado duque branco, a certificar-se de que o branco mancha]. Isto é apenas para iniciados — as referências a sexo/drogas com "white stains" podem ser bastante óbvias, mas o ouvinte ocasional dificilmente perceberá que esse é também o título de um obscuro livro de poesia do famoso ocultista inglês Aleister Crowley (1875-1947). "Throwing darts in lovers' eyes" também faz referência a Crowley, aludindo a um incidente apócrifo acontecido em 1918, quando Crowley matou um jovem casal num ritual mágico que envolvia arremessar dardos.

Uma versão adaptada de um verso famoso da *Tempestade*, de Shakespeare ("such is the stuff from where dreams are woven" [tal é o material de que são tecidos os sonhos]), faz lembrar outro mágico, Próspero, que naturalmente é um duque, banido para uma ilha ("tall in my room overlooking the ocean", [de pé em meu quarto com vista para o mar] — nas palavras de Bowie). E o "magical movement from *kether* to *malkuth*" [movimento mágico de *kether* a *malkuth*] sugere um interesse mais do que passageiro por *The Tree of Life — A Study in Magic*, tratado cabalístico escrito por Israel Regardie, um discípulo de Crowley. A Árvore da Vida é um diagrama místico no qual *kether* representa a divindade e *malkuth* o mundo físico, ao passo que o movimento mágico entre os dois representa o mito gnóstico da Queda. No encarte da atual versão remasterizada do álbum, pode-se ver um anêmico Bowie traçando um rascunho da Árvore da Vida no chão do estúdio.

Mas as coisas não terminam por aí. Há várias outras alusões ocultistas que podem ser reveladas: "lost in my circle" [perdido no meu círculo], "flashing no colour" [brilhando sem cor], "sunbirds to soar with" [pássaros-sol com os quais voar]. Todas têm significados místicos específicos. Segundo Bowie, a canção é quase uma "interpretação passo a passo da cabala, embora absolutamente mais ninguém tenha percebido isso na época". Trata-se de um exagero — em termos intelectuais, a mistura de referências é bastante confusa, ainda que funcione extremamente bem no nível poético.

O crowleyrismo não era uma novidade no rock em 1975. Jimmy Page, do Led Zeppelin, era um discípulo; o extraordinário *Tago Mago* (1971), do Can, alude a Crowley; e aquele que talvez seja o LP mais famoso de todos os tempos, *Sgt. Pepper's Lonely Hearts Club Band*, o retrata em sua capa. Canções anteriores de Bowie também fazem referências ao ocultismo ("Quicksand" cita nominalmente Crowley, Himmler e a Ordem Hermética da Aurora Dourada, de que ambos eram integrantes), e vestígios desse tema subsistem em álbuns posteriores, entre os quais *Low*. Mas *Station to Station* é realmente o caso mais flagrante. O que devemos pensar disso? Alguns críticos fazem de fato um grande alarde. Já no final da vida, Ian McDonald (cujo *Revolution in the Head* permanece um marco na literatura sobre os Beatles) retrata Bowie de maneira grandiosa, como um Próspero realizando um "exorcismo do eu, da mente, do passado [...] Bowie ascendeu na 'Árvore da Vida'; agora ele deseja descer à terra, ao amor", e "lançar ao mar seu *grimoire* oculto".

Há uma outra leitura, mais prosaica, dessas divagações em torno da magia negra. "It's not the effects of the cocaine" [Não são os efeitos da cocaína], opina Bowie um pouco mais adiante na canção, mas acho que podemos dizer com segurança que se trata aqui de um protesto exagerado, porque as sessões de *Station to Station* marcam o período em que Bowie mais consumiu drogas. Nessa época, ele praticamente havia parado de se alimentar, sobrevivendo à base de uma dieta de leite, cocaína e quatro maços diários de Gitanes. Levava uma existência vampírica e reclusa em sua mansão em Hollywood e promovia sessões de estúdio que varavam a madrugada. Por vezes, começava a gravar à noite e então trabalhava de forma incessante até as dez da manhã — e quando lhe diziam que precisava deixar o local porque o horário havia sido reservado por outra banda, simplesmente procurava algum outro estúdio próximo e voltava a trabalhar de imediato. Em outras ocasiões, desaparecia completamente. "Nós íamos para o estúdio", diz Slick. "Mas onde estava ele? E aí ele chegava, cinco ou seis horas atrasado. Às vezes não aparecia." Nessa época, Bowie era capaz de passar cinco ou seis dias sem dormir, ponto no qual realidade e imaginação tornam-se irremediavelmente indistintas: "No fim da semana, minha vida tinha se transformado numa bizarra fantasia niilista de destruição, personagens mitológicos e totalitarismo iminente."

Bowie estava sofrendo essencialmente uma série de surtos psicóticos induzidos pela cocaína, uma condição muito semelhante à esquizofrenia, caracterizada por percepções altamente distorcidas da realidade, alucinações, distanciamento afetivo e forte propensão ao pensamento mágico. Suas entrevistas da época são clássicos do delírio messiânico, quando ele fala de Hitler como o primeiro astro do rock ou das próprias ambições políticas ("Eu adoraria entrar na política. Vou fazer isso um dia. Adoraria ser primeiro-ministro. E, sim, acredito firmemente no fascismo."). O lado oposto da fantasia messiânica é, naturalmente, a ilusão paranoica, que Bowie também exibiu em profusão. Ele imaginava que um de seus conselheiros era um agente da CIA; um cantor de apoio, ao que parece, era um vampiro. Durante uma entrevista, Bowie de repente deu um salto e abaixou a persiana: "Tenho que fazer isso", disse. "Acabei de ver um corpo cair." Em seguida, acendeu e apagou uma vela preta. "É apenas uma proteção. Tenho tido problemas com os vizinhos." Quanto de tudo isso era teatro e quanto era ilusão? Bowie, evidentemente, não era mais capaz de fazer essas distinções. Sua esposa da época, Angie, conta que, certo dia daquele ano de 1975, recebeu um telefonema dele; Bowie estava em algum lugar de Los Angeles com um bruxo e duas bruxas que queriam roubar seu sêmen para um ritual de magia negra. "Ele falava em voz baixa, silenciosa, quase não dizia coisa com coisa. E estava enlouquecido de medo."

Bowie era perfeitamente capaz de ocultar sua "estranheza" quando lhe convinha. Ainda assim, se apenas um quarto das histórias dessa época que circulam sobre ele for verdadeiro — a de que mantinha urina na geladeira e altares de magia negra na sala de estar, de que fazia exorcismos profissionais em sua piscina, e assim por diante —, este ainda seria um homem com graves problemas de saúde mental, para dizer o mínimo. Além do vício em cocaína e dos delírios correlatos, Bowie estava também fisicamente isolado de qualquer tipo de existência "normal". A vida em Doheny Drive, onde ele se instalara, parecia uma espécie de corte, povoada de músicos, traficantes, amantes e toda uma hoste de parasitas e puxa-sacos. Sua assistente, Corinne "Coco" Schwab, atuava como uma guardiã, dando conta da logística de sua vida e isolando-o de situações e pessoas que o perturbavam. A capacidade de Bowie de fazer qualquer coisa por si mesmo tinha ficado seriamente comprometida. Fama, cocaína, isolamento e Los Angeles ("o lugar menos adequado na Terra para alguém em busca de identidade e estabilidade", como diria ele mais tarde) haviam conspirado para conduzi-lo a um lugar realmente muito obscuro.

Tendo em conta esse estado de coisas, surpreende que Bowie tenha conseguido produzir alguma coisa em estúdio. E, de fato, em *Station to Station* transparece tanto o artista como o homem em crise. Um ano havia se passado desde as sessões de *Young Americans*, e ele tinha gravado pouco desde então. Em maio de 1975, trouxera o amigo Iggy Pop para fazer alguns registros, mas a sessão logo se tornou caótica — em certo momento, Pop e Bowie chegaram inclusive às vias de fato. Esse foi o auge de seu "visual de inseto pegajoso paranoico", de acordo com o guitarrista James Williamson, que encontrara Bowie caído na cabine de controle, envolto em um medonho muro de sons distorcidos.

Quando chegou ao estúdio para gravar *Station to Station*, Bowie trazia apenas duas canções, que ao final mudaram tanto a ponto de ficarem irreconhecíveis. Ele estava acostumado a trabalhar extremamente depressa — a maior parte de *Ziggy Stardust*, por exemplo, foi feita ao longo de um período de duas semanas, e apenas algumas semanas após a gravação de *Hunky Dory*. Já as sessões de *Station to Station* estenderam-se ao longo de dois meses e meio, produzindo apenas cinco composições originais e uma cover histriônica de "Wild Is the Wind".

"Você mantém um controle superficial sobre a realidade para poder superar as coisas que sabe que são absolutamente necessárias para a sua sobrevivência", refletiu Bowie em 1993. "Mas quando esse controle começa a se romper, o que inevitavelmente acontece — e por volta de 1975 estava tudo começando a se romper —, eu trabalhava em músicas por horas e dias a fio, e então percebia, alguns dias depois, que não tinha feito absolutamente nada. Eu achava que estava trabalhando o tempo todo, mas só estava reescrevendo os quatro primeiros compassos ou algo do tipo. E não tinha chegado a lugar algum. Não dava para acreditar! Eu estava trabalhando naquilo há uma semana! E não tinha passado de quatro compassos! Percebi que só estava mudando esses quatro compassos, executando-os de trás para a frente, dividindo-os e fazendo o final primeiro.

Uma obsessão pelo detalhe havia se apossado de mim." Era outra consequência da psicose, e essa atmosfera misteriosa, irascível, está por todo o disco. *Station to Station* é o álbum da cocaína por excelência, em seus ritmos lentos e hipnóticos, seus temas românticos perturbados, em seu afastamento glacial, seu diálogo com Deus ("Word on a Wing"), no branco puro de sua capa, em seu resplendor hi-fi.

Mas voltemos à faixa-título. À medida que cessam os encantamentos ocultos da primeira parte, os sons distorcidos do trem fazem um breve retorno, e então sobrevém uma ponte no minuto 5:17. O tempo da canção muda abruptamente para uma batida *motorik* no estilo Neu!; a instrumentação fica mais simples; e irrompem novas linhas melódicas, quase como se fosse uma canção inteiramente diferente — como é provável que originalmente fosse (não há muitos detalhes conhecidos sobre essas sessões, devido ao alto consumo de cocaína e aos lapsos de memória de quase todos os envolvidos). Em retrospecto, estamos olhando para uma espécie de idílio perdido, uma época em que "there were mountains and mountains and sunbirds to soar with, and once I could never be down" [havia montanhas e montanhas e pássaros-sol com quem voar, e eu jamais ficava triste]. É aqui que surge o tema indócil, indagativo — "I got to keep searching and searching and what will I be believing and who will connect me with love?" [tenho que continuar procurando e procurando, e no que vou estar acreditando, e quem vai me conectar com o amor?].

Uma seção final tem início no minuto 6:03, o ritmo mudando, mais uma vez, para batidas de inspiração disco, com guitarras e piano rock movendo-se ruidosamente por cima. "It's not the side-effects of the cocaine" [Não são os efeitos colaterais da cocaína], Bowie agora delira. "I'm thinking that it must be love" [Acho que deve ser amor]. É como se o narrador estivesse tão alienado que tivesse passado para o outro lado, para algo próximo à paixão (o título, disse Bowie, faz referência às 14 estações da via-sacra). E agora um novo encantamento se repete: "It's too late to be grateful, it's too late to be late again/ It's too late to be hateful, the European canon is here" [É tarde demais para ser grato, é tarde demais para estar atrasado outra vez/ É tarde demais para ser odioso, o cânone europeu está aqui]. "Era como um apelo para voltar à Europa", comentou Bowie poucos anos depois. "Era uma daquelas conversas que se tem consigo mesmo de tempos em tempos."

Esta última letra aponta para o que a faixa alcançou em termos sonoros. O trem viajou de uma Los Angeles oculta, pós--Manson, para uma Europa modernista, com suas pretensões de vanguarda, suas estruturas musicais experimentais, seu fascínio pelo som como textura. Uma Europa em que a música popular tradicional (music hall britânico, *chanson* francesa, cabaré alemão) sempre privilegiou o exagero e a encenação ante a autenticidade e a autoexpressão. "Perto do final da minha temporada nos Estados Unidos", disse Bowie, "percebi que o que eu tinha que fazer era experimentar. Descobrir novas formas de escrever. Desenvolver, de fato, uma nova linguagem musical. Foi isso que me propus a fazer. Foi por isso que voltei à Europa". O desejo, à la Rimbaud, de criar uma nova linguagem é talvez o lado positivo do messianismo. Há uma ironia na inversão que ele faz na ordem das coisas: a jornada espiritual convencional é do Velho Mundo para o Novo, rumo a novos horizontes e fronteiras. São os estetas perturbados — Henry James, T.S. Eliot, Ezra Pound — que fazem a viagem inversa.

Esse empenho em se voltar para a Europa (bem como o sabor esquizofrênico dos dois álbuns) é o que liga *Station to Sta-*

tion a seu sucessor, *Low*. Essa ligação é reforçada ainda mais pela capa do álbum, um fotograma do primeiro filme de Bowie (e de longe o seu melhor), *O homem que caiu na Terra*, no qual ele trabalhou imediatamente antes das sessões de *Station to Station*. Ela o mostra como o alienígena Thomas Jerome Newton entrando em sua nave espacial (na verdade uma câmara anecoica). A reedição atual do disco traz uma imagem colorida, mas na versão original ela era recortada e em preto e branco, o que lhe conferia um aspecto austero e expressionista, reminiscente do modernismo europeu dos anos 1920 e da fotografia de Man Ray. A tipografia vermelha, dura e sem serifa — o título do álbum e o nome do artista são escritos juntos (STATIONTOSTATIONDAVIDBOWIE) — contribui para a atmosfera retrô/modernista. O próprio Bowie paira em algum ponto entre os Estados Unidos e a Europa, com seu topete à la James Dean e a camisa branca sem gravata abotoada até o pescoço. A capa de *Low* também é um fotograma tratado de *O homem que caiu na Terra*.

O visitante

Em dezembro de 1975, logo após ter concluído *Station to Station*, Bowie estava de volta ao trabalho em uma trilha sonora para *O homem que caiu na Terra* — embora ela não tenha sido utilizada no filme e permaneça até hoje inédita.[1] Se *Station to Station* estabeleceu a base artística para *Low*, sua gênese real veio dessas sessões de trabalho na trilha do filme. Várias faixas de *Low* teriam sido recicladas desse tempo — Brian Eno disse que foi lá que começou "Weeping Wall", embora Bowie afirme que "o único remanescente do projeto de trilha sonora que de fato usei foi a parte do baixo invertido em 'Subterraneans'". Ele talvez não seja a testemunha mais confiável para o fim de semana perdido de 1975 (Bowie sobre *Station to Station*: "Sei que foi gravado em Los Angeles porque li"), mas outros candidatos remanescentes me parecem descartados com base em evidências internas.

Bowie trabalhou com Paul Buckmaster (produtor de "Space Oddity", seu hit de 1969), que levou um violoncelo para acom-

---

[1] Em 2016, em comemoração aos quarenta anos de *O homem que caiu na Terra*, juntamente com versões restauradas do filme em DVD e Blu-Ray, a trilha sonora de Bowie pôde ser finalmente lançada, em CD duplo, graças à descoberta das gravações originais, por anos desaparecidas. [N.E.]

panhar suas guitarras, sintetizadores e máquinas de ritmos. As sessões (na casa de Bowie em Bel Air) produziram cinco ou seis faixas, registradas em um gravador TEAC de quatro pistas. Segundo Buckmaster, ambos estavam arrebatados por *Radio-Activity*, do Kraftwerk, recém-lançado. Esse álbum mostra a banda em fase de transição musical, canalizando experimentalismos livres em direção a ritmos robóticos, mais rigidamente controlados — o equivalente sonoro de uma pintura de Mondrian. *Radio-Activity* é uma clara influência em *Low*, com sua mistura de refrões pop, efeitos sonoros inquietantes e modernismo retrô; sua introspecção e insipidez emocional. O teremim sintetizado de "Always Crashing in the Same Car" e os interlúdios eletrônicos em "A New Career in a New Town", em particular, evocam o álbum da banda alemã.

Além do esboço inicial de "Subterraneans", a verdadeira contribuição dessas sessões para *Low* foi que elas fizeram Bowie pensar pela primeira vez em música atmosférica. Ao longo de uma carreira de mais de uma década, ele ainda não havia gravado uma única faixa instrumental. Nesse sentido, a logorreia de *Station to Station* — com suas imagens vagamente conectadas — olha para trás em vez de para a frente, já que mais da metade das faixas em *Low* terminou sem letra, e as outras são bastante monossilábicas. Até *Low*, Bowie tendia a seguir algum tipo de linha narrativa, por mais evasiva que fosse. Em *Low*, mesmo nas músicas com letra, esse impulso narrativo sofre um forte declínio. E foi durante as sessões de *O homem que caiu na Terra* que ele teve pela primeira vez a ideia de trabalhar com Brian Eno.

Há relatos conflitantes sobre o motivo que levou o projeto da trilha sonora a ser abandonado. Segundo Bowie, seu empresário, Michael Lippman, havia prometido lhe assegurar os direitos sobre a trilha, e ele começou a gravar com essa garantia. Quando soube mais tarde que estaria competindo com dois outros projetos, retirou-se furioso da empreitada. Esse relato não se encaixa muito bem com os dos outros envolvidos. De acordo com Harry Maslin, que coproduziu *Station to Station*, nessa época Bowie estava tão esgotado que não conseguia se concentrar no trabalho. Buckmaster parece concordar, recordando uma sessão em que Bowie praticamente teve uma overdose e tiveram de ajudá-lo a sair do estúdio. "Achei a música mal-acabada demais, e não uma versão final, embora devêssemos estar fazendo a final", afimou Buckmaster ao biógrafo de Bowie, David Buckley. "Tudo que produzimos estava abaixo do padrão, e Nic Roeg (diretor do filme) recusou por causa disso."

John Phillips, que acabou fazendo a trilha sonora, conta uma história diferente: "Roeg queria banjos e música folk e country para o filme, que era sobre um alienígena que cai do céu no Sudoeste. 'David não é realmente capaz de fazer esse tipo de coisa', disse Roeg." Essa me parece uma explicação melhor para a recusa à trilha de Bowie — *O homem que caiu na Terra* tem uma premissa de ficção científica, mas na verdade não é um filme de ficção científica, e uma trilha sonora futurista e psicodélica teria dado o tom errado. Quanto à qualidade do trabalho de Bowie, aqueles que o ouviram ficaram impressionados. Phillips achou "lindo e perturbador, com carrilhões, sinos japoneses e o que soava como vento e ondas eletrônicos". Bowie tinha a trilha sonora consigo durante as sessões de *Low* nas quais trabalharam em "Subterraneans", e, em certo momento, colocou-a para os músicos ouvirem: "Era ótima", lembrou o guitarrista Ricky Gardiner, "bem diferente de qualquer outra coisa que ele já fez". Meses depois, Bowie enviou a Roeg uma cópia de *Low*, com uma nota que dizia: "Isso é o que eu queria fazer para a trilha sonora."

O homem que caiu na Terra foi o quarto filme do cineasta inglês Nic Roeg. No auge de sua carreira, em meados dos anos 1970, ele foi amplamente aclamado por clássicos do cinema de arte, como *A longa caminhada* e *Inverno de sangue em Veneza*. E já havia apresentado um astro do rock (Mick Jagger) ao mundo da dramaturgia em seu filme de estreia como diretor, *Performance*. Mas, para Bowie, *O homem que caiu na Terra* veio a ser mais do que apenas seu primeiro grande trabalho de atuação. Em muitos aspectos, Thomas Jerome Newton, seu personagem, foi a projeção que Nic Roeg fez de Bowie, que, por sua vez, confessou "ter sido Newton por seis meses" depois da filmagem, vestindo roupas idênticas às dele e assumindo seu comportamento. ("Ofereceram-me alguns roteiros, mas escolhi esse porque era o único em que eu não tinha que cantar ou parecer com Bowie", disse ele na época. "Agora acho que David Bowie se parece com Newton.") Inicialmente Roeg queria Peter O'Toole para o papel, mas ficou interessado em Bowie depois de ver *Cracked Actor*, o documentário de Alan Yentob feito para o programa de arte *Omnibus*, da BBC. O filme exibia um Bowie pálido e magro como um palito enquanto viajava em turnê pelos Estados Unidos, e impressionou Roeg a tal ponto que uma cena em que Bowie está em Nova York, tendo algo como um surto psicótico na parte de trás de uma limusine, foi recriada para o filme, com o mesmo motorista e trechos do diálogo reproduzidos. Outros momentos autorreferenciais deixam clara a ligação entre Bowie e o personagem. Como Bowie, Newton compunha, e, chegando ao fim do filme, compõe um álbum de sons espectrais intitulado *O visitante*. A cena em que um personagem compra esse álbum mostra uma loja de discos promovendo

Young Americans ao fundo. Ao que tudo indica, havia um roteiro inicial que também usava as canções de Bowie.

O filme é sobre um alienígena que viaja à Terra vindo de um planeta atingido pela seca, onde deixou esposa e filho. Usando seu conhecimento superior, ele funda uma empresa de alta tecnologia a fim de ganhar o dinheiro necessário para construir uma nave espacial, que enviaria água para salvar seu planeta. Em sua vida solitária, surge Mary-Lou, uma ascensorista, que apresenta Newton à TV e ao álcool. Enquanto isso, sua ascensão fenomenal ao poder desperta o interesse de agentes do governo, que descobrem sobre seu projeto espacial e determinam que o interrompa. Eles prendem Newton em uma cobertura e o submetem a exames médicos. Em seguida, perdem o interesse nele; Mary-Lou o localiza e ele foge. Ele grava *O visitante*, na esperança de que a esposa, talvez já morta, o ouça. Sabendo que não pode voltar para casa nem salvar sua família, Newton se entrega à autopiedade e ao álcool. De certa forma, ele se tornou humano.

Bowie não é orientado a atuar de maneira convencional (e quando por vezes tem de fazê-lo, os resultados são bastante fracos). Ele apenas projeta um desligamento já presente na alienação resultante da fama de astro do rock, do abuso de drogas e de uma concepção romântica da vida criativa. "A premissa básica é a de um homem forçado a estar em uma posição em que se vê obrigado a entrar em uma sociedade, sem se deixar ser muito conhecido, porque assim estaria em isolamento contínuo", explica Nic Roeg. "Tinha que ser um eu secreto, uma pessoa secreta. Emocionalmente, acho que David se identificou com muitos desses pensamentos." Newton é como um refugiado, "um astronauta do espaço interior e não do espaço sideral. Eu me lembro de falar com David sobre isso".

O segundo lado de *Low*, com sua música estilo ambiente, é em parte sobre explorar os vastos horizontes interiores de Newton, como sugere a nota de Bowie a Roeg. O fato de que dois álbuns de Bowie e vários singles carreguem imagens do filme ilustra sua importância. O papel era um perfeito simulacro da persona de Bowie, consolidando a metáfora do alienígena, que ele continuou tanto a alimentar quanto a combater (sua figura pouco inspiradora de "cara comum" dos anos 1980 era uma espécie de reação a isso). Em 1997, o título escolhido para seu álbum, *Earthling*, ressoa com uma ironia que remonta a *O homem que caiu na Terra*.

Um movimento mágico

Station to Station foi lançado no fim de janeiro de 1976. Ainda que não tenha feito tanto sucesso quanto seu antecessor, *Young Americans*, foi bem rentável e um sucesso de crítica, passando várias semanas no topo das paradas e rendendo um single entre as dez mais tocadas nos dois lados do Atlântico ("Golden Years").

Após o lançamento, Bowie decidiu (ou foi persuadido a) fazer uma turnê pelos Estados Unidos e depois pela Europa. Sua incursão anterior pelas casas de shows havia resultado em um tipo de rock progressivo absurdo e exagerado, com cenários elaborados e extremamente caros. Para a nova turnê, Bowie queria algo muito mais simples, ou, no mínimo, menos teatral. Os únicos objetos cênicos reais seriam grandes fileiras de luzes brancas e fortes, criando uma espécie de distância brechtiana, e prosseguindo a jornada artística de volta para a Europa: "Eu queria voltar a um visual parecido com o do cinema expressionista alemão", disse Bowie. "Com ares de artista berlinesco — colete preto, calça preta, uma camisa branca e a iluminação de, digamos, Fritz Lang, ou Pabst. Um visual de filmes em preto e branco, mas com uma intensidade meio agressiva. Acho que, para mim, pessoalmente, teatralmente, essa foi a turnê mais bem-sucedida que já fiz." No dramático jogo de luzes brancas e de sombras, houve quem visse também mais do que um toque de Nuremberg — uma impressão que não foi desencorajada pelas declarações provocativas de Bowie sobre o fascismo durante esse período.

De modo geral, era um negócio nitidamente pretensioso. O show começava com uma projeção de *O cão andaluz*, o clássico surrealista dos anos 1920 de Luis Buñuel — aquele com a excruciante sequência de corte no olho —, acompanhada de faixas de *Radio-Activity*, álbum igualmente pretensioso, sem qualquer traço de rock, do Kraftwerk. (Bowie chamou a banda alemã para abrir o show, mas, ou eles recusaram o convite, ou talvez sequer o tenham respondido.) Bowie se apresentava vestido como um dissoluto aristocrata pré-guerra. Ele fazia o papel do mirrado duque branco mencionado na faixa-título de *Station to Station* — "um personagem de fato muito desagradável", Bowie admitiu mais tarde. O mirrado duque branco foi menos trabalhado que outros personagens já interpretados por Bowie; ele era um ariano insensível e elitista com matizes nietzschianos e o mórbido egocentrismo de um romântico alemão do século XIX.

Aquela foi uma formidável peça de teatro expressionista que recebeu críticas lisonjeiras. No entanto, no meio desse sucesso artístico, e apesar da disciplina férrea necessária para formulá-la e executá-la, Bowie parecia estar perturbado, como sempre. Em Estocolmo, ele divertiu um jornalista com um roteiro que estava escrevendo sobre Goebbels e a terra que este ia comprar para fundar seu próprio país. Os delírios messiânicos não haviam diminuído; muito pelo contrário: "Pelo que sei, sou a única alternativa para primeiro-ministro na Inglaterra. Acredito que a Grã-Bretanha poderia se beneficiar de um líder fascista. Afinal, o fascismo é, na verdade, nacionalismo." Mais tarde, Bowie tratou esse episódio como provocação, o que obviamente foi, embora a linha entre delírio e provocação tivesse na época se tornado muito tênue.

"Toda a turnê de *Station to Station* foi feita sob pressão", disse Bowie tempos depois. "Eu estava totalmente fora de mim, completamente enlouquecido. De verdade. Mas o tema principal em que eu estava trabalhando, no que dizia respeito a essa coisa toda de Hitler e conservadorismo, era a mitologia." Em suma, o interesse de Bowie no fascismo não era realmente político, mas apenas outro desdobramento de sua insana obsessão pelo oculto: "A busca do Santo Graal. Esse era meu verdadeiro fascínio pelos nazistas. Toda aquela história de que nos anos 1930 eles vieram para Glastonbury Tor. E, de maneira ingênua, nem sequer pensei no que haviam feito politicamente... É difícil alguém se dar conta de que era possível se envolver com toda essa coisa e não perceber as implicações daquilo em que estava se metendo. Mas na época eu estava obcecado com a ideia de que os nazistas procuravam o Santo Graal."

Em 11 de fevereiro, depois de um show em Los Angeles, Bowie conheceu o romancista Christopher Isherwood, um escritor que ele admirava. Os romances mais conhecidos de Isherwood, *Os destinos do sr. Norris* e *Adeus a Berlim*, são em essência autobiografias de um jovem inglês boêmio na Berlim da era de Weimar (este último virou filme, *Cabaré*, estrelado por Liza Minnelli e Michael York). A vida nos cabarés berlinenses descrita por Isherwood — dançando diante da catástrofe iminente — atraiu Bowie do mesmo jeito que *Vile Bodies*, de Evelyn Waugh, o havia atraído e incitado a escrever "Aladdin Sane". E é claro que foi exatamente esse tipo de atmosfera que influenciou o estilo da turnê de *Station to Station*. Os dois conversavam muito, com Bowie tentando extrair de Isherwood histórias sobre Berlim — certamente já em sua mente como um possível refúgio europeu. Isherwood foi bastante desencorajador: Berlim é muito chata mesmo assim, disse. E a boemia decadente que ele retratava em seus livros? "Meu jovem Bowie", disse Isherwood um pouco irritado, "as pessoas esquecem que sou um escritor de ficção muito bom." No entanto, Bowie acabaria morando a 15 minutos de caminhada do antigo apartamento de Isherwood em Berlim. E, até certo ponto, exibiria o mesmo estilo "inglês decadente no exterior" que o jovem Isherwood exibia no início dos anos 1930 (com Iggy Pop como Sally Bowles em "Herr Issyvoo", de Bowie).

Houve novas manobras nazistas em 2 de abril, quando, voltando de uma viagem a Moscou, Bowie foi revistado por policiais na fronteira russo-polonesa e teve biografias de Speer e Goebbels confiscadas por oficiais aduaneiros (Bowie alegou que era material de pesquisa para o filme sobre Goebbels). A turnê de *Station to Station* seguiu para Berlim uma semana depois, em 10 de abril. Bowie já havia estado lá uma vez, para tocar na TV da Alemanha Ocidental em 1969, mas não conhecera a cidade. Ele esteve lá como turista, levando seu Mercedes conversível presidencial a um passeio por Berlim Oriental, e em seguida ao bunker de Hitler. Muito tempo depois de ter se mudado para Berlim e supostamente se livrado de suas fixações ocultas, Bowie permaneceu fascinado pelo passado nazista da cidade, procurando exemplos remanescentes da arquitetura de Speer, visitando os antigos quartéis-generais da Gestapo etc. Na parada da turnê em Berlim, Bowie já começava a assumir o papel de Isherwood: foi quando conheceu a performer de cabaré transexual Romy Haag (descrita por um biógrafo "como Sally Bowles, só que mais intensa"), com quem mais tarde teria um badalado caso.

De volta à Inglaterra pela primeira vez em dois anos, Bowie provocou ainda mais controvérsia na Victoria Station de Londres por aparentemente fazer uma saudação no estilo de Hitler (2 de maio). Bowie alega que o fotógrafo o flagrou no meio do gesto, o que provavelmente é verdade, mas ele com certeza proporcionou esse tipo de mal-entendido. Em uma entrevista com Jean Rook, no *Daily Express*, voltou atrás furiosamente em suas declarações fascistas de poucos dias antes. Aqui, o Bowie macilento e pálido à la Drácula mostra-se tanto preocupado como encantador, falando de si mesmo na terceira pessoa, pintando o retrato de um pierrô "a superar a grande tristeza de 1976". Ele descreve sua visão de *Ziggy Stardust* como "uma mistura de Nijinsky e Woolworth" — um resumo belamente incisivo que tinha muito a ver com quem de fato era Bowie.

Falando através da escuridão

Bowie fez uma série de shows triunfantes em Wembley, com ingressos esgotados (de 3 a 8 de maio), e foi amplamente aclamado pela crítica. Brian Eno compareceu a um deles (7 de maio), e os dois se conheceram nos bastidores após o concerto. Eles haviam se esbarrado algumas vezes antes, mas ainda não eram amigos. A antiga banda de Eno, a Roxy Music, tinha feito uma abertura para Bowie em 1973. No início dos anos 1970, Bowie e a Roxy Music tinham muito em comum, em suas pretensões de escola de arte inglesa, seu estilo e seu pastiche vanguardistas, seu nadar contra a corrente de "autênticos" cantores-compositores. Depois de sair da Roxy, Eno lançou inúmeros álbuns solo que transitaram do rock inglês para os âmbitos mais extremos da hibridização e do experimentalismo pop. Ele criou o selo musical Obscure, que mais tarde acabou com a distinção entre arte maior e arte menor, lançando obras que foram marcos do clássico contemporâneo, como *The Sinking of the Titanic / Jesus' Blood Never Failed Me Yet*, de Gavin Bryars. Independentemente de Bowie, ele também se juntou à cena experimental alemã. Bowie afirmou algumas vezes ter introduzido Eno no cenário das então chamadas bandas de "krautrock", mas o fato é que, àquela altura, Eno já tinha trabalhado com a Harmonia, pioneira em música eletrônica, tanto no palco como no estúdio. Na verdade, uma das coisas que caracterizam o fenômeno de art rock em meados dos anos 1970 é o modo como vários músicos convergem em ideias similares e formas híbridas, fazendo com que a questão de quem influenciou quem seja no mínimo difícil de responder, e talvez até sem sentido.

Após o show, Bowie e Eno voltaram juntos para o local onde Bowie estava hospedado, em Maida Vale, e conversaram noite adentro. Bowie disse a Eno que estava ouvindo *Discreet Music* (1975). "Ele disse que o escutou sem parar durante sua turnê americana", lembrou Eno, "e, naturalmente, elogios sempre aproximam as pessoas. Pensei: 'Deus, ele deve ser inteligente!'". *Discreet Music* era o lançamento mais recente de Eno na época, e não é um disco nada pop. Um lado engloba diferentes versões de *Cânone*, de Pachelbel, processada por meio de várias transformações algorítmicas para chegar a algo que soa meio parecido com "The Sinking of the Titanic", de Gavin Bryars. Bowie pode ter ficado impressionado, mas *Discreet Music* não é o álbum de Eno com que *Low* mais tem em comum. Eno afirmou: "Sei que ele gostava muito de *Another Green World*, e deve ter percebido que havia esses dois fluxos paralelos de trabalho no que eu estava fazendo, e, quando você encontra alguém com problemas iguais aos seus, tende a ter simpatia por essa pessoa." *Another Green World* (1975) exerce um efeito diferente daquele provocado por *Low*, mas implementa algumas das mesmas estratégias. Mistura canções de estrutura pop reconhecíveis com outras peças curtas e abstratas que Eno chamou de "ambiente" — com ênfase não na melodia ou na batida, mas na atmosfera e na textura. Esses fragmentos intensamente belos aumentam e diminuem de volume, como se fossem apenas a parte visível de uma vasta criação submarina; são como minúsculos vislumbres de outro mundo. Nas faixas mais convencionais, diferentes gêneros se justapõem, às vezes de maneira suave, às vezes não — elementos de jazz combinados com refrões pop, mas lutando com invasivos efeitos sonoros sintetizados. O resultado final é um álbum impetuosamente enigmático de força real e ingenuidade. Contudo, uma diferença estrutural entre os dois álbuns é que, enquanto Eno intercalava peças "texturizadas" em *Another Green World*, Bowie as separava e colocava de outro lado, o que dá a *Low* uma espécie de metanarrativa.

Eno denominava-se "não músico"; até chegou a tentar (sem sucesso) que isso fosse colocado em seu passaporte como profissão. Claro que ele tinha muitas qualidades, mas seu insight foi considerar o estúdio o principal instrumento da criatividade (ele já havia escrito um ensaio intitulado "O estúdio como ferramenta de composição"). Isso coloca o foco no contexto e na superfície sonora, deslocando-o do conteúdo e da profunda estrutura melódica, e contrapõe uma abordagem muito diferente e talvez mais tradicional do rock, em que a virtuosidade musical era privilegiada e os "artifícios" de estúdio, desaprovados; em que o estúdio era visto mais como uma câmera tirando uma foto rápida de uma performance. A visão intervencionista de Eno deve algo à experimentação em estúdio dos artistas pop de meados dos anos 1960, mas também às técnicas vanguardistas centradas no processo de pessoas como Karlheinz Stockhausen ou John Cage, pioneiros no uso de colagens e loops de fitas, instrumentos preparados, eletrônica e randomização nas décadas de 1950 e 1960. Mas a agitação da música no início dos anos 1970 não se assemelha tanto ao trabalho secamente cerebral de Stockhausen (que sempre foi mais admirado do que ouvido), mas a formas mais populares que poderiam ser revigoradas com o experimentalismo das tradições acadêmicas. Fazia tempo que Bowie estava interessado na abordagem de Eno em relação ao estúdio, e ocasionalmente usara técnicas parecidas — as técnicas de recorte de William S. Burroughs em *Diamond Dogs* estavam indo na mesma direção, usando deliberadamente a desorientação como meio de chegar a algo novo e diferente.

Bowie e Eno combinaram que se manteriam em contato. Enquanto isso, a turnê de *Station to Station* se dirigia ao seu destino final: Paris. Bowie viajou para lá de trem, sob o nome Stenton Jones (Stenton é o nome do meio de seu falecido pai), e fez dois shows no Pavillon de Paris (15 e 18 de maio). Em seguida, deu uma glamorosa festa de fim de turnê na boate Alcazar, à qual compareceram grandes personalidades da indústria do entretenimento, além de uma variedade de figuras elegantes do submundo europeu (incluindo Romy Haag, com quem Bowie terminou a noite). Em outra festa organizada por Bowie em Paris, desta vez no Ange Bleu, o Kraftwerk fez uma aparição, sendo ovacionado de pé por cinco minutos enquanto entravam com rostos inexpressivos ostentando um estilo completamente retrô dos anos 1930, como os equivalentes musicais de Gilbert e George. Bowie ficou encantado: "Olha como eles são, que fantásticos!", repetia ele para Iggy Pop, que o acompanhara durante a turnê.

Bowie já tinha conhecido os líderes do Kraftwerk, Florian Schneider e Ralf Hütter, em Los Angeles. Segundo Schneider e Hütter, eles falaram sobre trabalhar juntos; de acordo com Bowie, não falaram. Seja como for, nada aconteceu, embora Bowie os tenha visto socialmente algumas vezes quando se mudou para a Alemanha. Naquela época, Bowie foi um pouco ambíguo em relação à influência musical do Kraftwerk em sua obra, embora haja alguns momentos inegavelmente kraftwerkianos em *Low*. Mas é verdade que as concepções de ritmo de Bowie e do Kraftwerk divergem completamente. *Low* é um encontro do sintético com o orgânico — Bowie estava unindo batidas de R&B com paisagens sonoras eletrônicas. Mas o Kraftwerk estava no processo de eliminar completamente o humano da batida (seus ritmos robóticos acabaram por se misturar novamente à black music através do house e do techno, mas essa é outra história). Nessa fase da carreira de Bowie, o significado do Kraftwerk era mais geral. Foi o lançamento de *Autobahn*, em 1974, que chamou sua atenção de volta para a Europa e para a música eletrônica: "O que me apaixonava em relação ao Kraftwerk era sua determinação singular de se pôr além das sequências de acordes estereotipadas norte-americanas, e seu abraço sincero a uma sensibilidade europeia exibida por sua música", disse Bowie em 2010. "Essa foi sua mais importante influência sobre mim."

O Kraftwerk e as bandas *Kosmische* do início dos anos 1970 pertenceram a uma geração de alemães que "não tinham pais, só avós", como disse certa vez o diretor de cinema Werner Herzog. "Por causa da guerra", disse Ralf Hütter a um jornalista francês em 1978, "e da ruptura que causou com o passado, já não tínhamos uma tradição a respeitar, estávamos livres para experimentar. E também não fomos tomados pelo mito do pop star. Já tínhamos visto o suficiente disso na década de 1930." Essa ruptura impulsionou os artistas alemães para o futuro, mas por vezes também ao passado, saltando para uma geração antes da catástrofe nazista, para o falso amanhecer dos anos de Weimar ou para o romantismo alemão do século anterior. O Kraftwerk, na verdade, seguiu ambos os caminhos, usando técnicas de vanguarda e eletrônicas para criar uma "música folk industrial europeia" que remete, em grande medida, a um mundo de otimismo futurista pré-guerra. Wolfgang Flür, membro da banda, explica: "Todos nós do grupo somos crianças que nasceram logo depois da Segunda Guerra Mundial. Então, não tínhamos nossa própria cultura musical ou pop, não havia nada antes de nós, havia a guerra, e antes da guerra tínhamos apenas a música folclórica alemã. Nos anos 1920 ou 1930, as melodias foram desenvolvidas e se tornaram a cultura a partir da qual trabalhamos. Então, eu acho que estava em nós, desde que nascemos; não posso nos explicar, mas somos nós. É romântico, infantil, talvez; é ingênuo, mas não posso fazer nada a respeito. Está em mim."

    Os álbuns do Kraftwerk evocam uma época em que as *Autobahns* eram novidade; quando viajar pela Europa num trem a vapor era o epítome do glamour. Eles olham para trás, para a era de ouro do rádio, ou para as visões futuristas de um filme de 1920, como *Metrópolis*. (Mais recentemente, houve uma obsessão de vinte anos da banda com o ciclismo, reduzindo a fantasia industrial da salvação mecânica a sua expressão mais simples.) Essa nostalgia por um futuro que nunca aconteceu foi algo que Bowie também percebeu; é uma tristeza que preenche o segundo lado de *Low* e de seu sucessor, *"Heroes"*. No fundo, é em grande medida uma forma de romantismo (o Kraftwerk sinaliza isso com o título de sua faixa de 1977, "Franz Schubert").

    Por alguns anos, as carreiras de Bowie e do Kraftwerk pareceram se entrelaçar. Enquanto Bowie estava trabalhando em *Low*, o Kraftwerk estava no estúdio gravando seu inovador *Trans-Europe Express*. Uma foto ambiguamente kitsch do grupo, que parece um quarteto de cordas da década de 1930, ilustra a capa do álbum. De forma ousada, a faixa-título faz alusão direta tanto a Bowie como a seu próprio álbum "ferroviário" ("from station to station to Düsseldorf city, meet Iggy Pop and David Bowie" ["de estação em estação para a cidade de Düsseldorf, conheçam Iggy Pop e David Bowie"]); Bowie devolveu o favor em *"Heroes"* ("V2-Schneider"). Tanto Bowie como o Kraftwerk concebiam seu ato como um todo — a música, as roupas, o trabalho artístico, os shows, as entrevistas, tudo era integrado e autorreferenciado. Ambos acenavam para o pan-europeísmo, gravando versões de suas músicas em francês, alemão e inglês. Ambos cultivavam uma sensibilidade antiquada, trabalhando a delicada costura que se situa entre a ironia e a seriedade. Ambos misturavam o pastiche pós-moderno a uma estética modernista retrô. Ambos faziam música emotiva ao parecerem negar a emoção. Vendo pelo prisma da psiquiatria, o trabalho de ambos é percebido como um tanto autista (o autismo de Bowie é esquizofrênico; o do Kraftwerk, obsessivo-compulsivo).

O que posso fazer a respeito dos meus sonhos?

Em meados de maio, Bowie e Iggy Pop se retiraram para o pitoresco Château d'Hérouville, quarenta quilômetros a noroeste de Paris, para descansar por alguns dias após a turnê. O Château tinha sido convertido em estúdio pelo famoso compositor francês Michel Magne em 1969. Enquanto relaxava com Iggy, Bowie se encontrou com o administrador do Château e engenheiro de som chefe Laurent Thibault, ex-baixista do grupo de rock progressivo Magma. Os dois conversaram até tarde da noite. Para surpresa de Thibault, Bowie parecia bem familiarizado com a peculiar obra do Magma, que consiste principalmente de uma série de álbuns conceituais sobre um planeta chamado Kobaia — com muitas canções cantadas na língua nativa kobaiana. No fim da noite, Bowie concordara em desembolsar 200 mil francos para reservar o estúdio nos meses de julho e setembro (ele já estava reservado para agosto). Tinha gravado *Pin-Ups* ali, em 1973, e acabaria gravando também a maior parte de *Low*.

De lá, Bowie se mudou para uma grande casa em Clos--des-Mésanges, perto de Vevey, na Suíça. A mudança fora planejada por sua esposa, Angie, em parte para tirá-lo de Los Angeles, mas principalmente por razões fiscais. Em teoria, Bowie estava se dedicando à vida familiar com a esposa e o filho de cinco anos de idade. Mas, nessa fase, seu casamento (escandalosamente aberto mesmo para os padrões de casamentos do mundo do rock nos anos 1970) tinha praticamente se destruído em um lamaçal de recriminações e ciúmes. Angie implicava em particular com Corinne Schwab, a assistente que Bowie usava para se proteger das pessoas que não queria ver. "Coco mantinha as pessoas irritantes fora de sua vida", disse Tony Visconti, amigo e produtor de Bowie, em 1986, "e Angie tinha se tornado uma delas." Com frequência, Bowie simplesmente desaparecia sem avisar Angie, algumas vezes ia para Berlim, e apenas Coco sabia de seu paradeiro. Isso enfurecia Angie. Os acordos do casal se tornaram cada vez mais complicados; enquanto Angie estava em Londres, Bowie ficava na casa, mas, quando ela estava em casa, ele reservava um hotel próximo.

A ideia tinha sido relaxar depois da turnê, mas Bowie era claramente o tipo de pessoa que crescia em meio ao nervosismo, não no relaxamento. Em Clos-des-Mésanges, ele reuniu uma biblioteca de 5 mil livros e atirou-se na leitura. Em termos intelectuais, Bowie sempre fora um curioso autodidata, tendo largado a escola aos 16 anos. Mas, naquele momento, a coisa tinha de certa forma se tornado uma obsessão. Durante a turnê, Bowie viajara pela Europa em uma espécie de furor cultural, indo a shows, visitando galerias, aprendendo tudo o que podia sobre arte, música clássica e literatura. Era uma reação contra os Estados Unidos, mas havia também um elemento de substituição de uma mania por outra (embora muito mais saudável).

A vida de lazer nos Alpes suíços para o workaholic Bowie foi outra ilusão, e, quando Iggy Pop apareceu, eles começaram a ensaiar o que resultaria na primeira aventura solo de Iggy, *The Idiot*, produzido e coescrito por Bowie. Desde o início ele admirava a banda de protopunk de Iggy, The Stooges; conseguiu que eles assinassem com seu empresário, Mainman; mixara o álbum clássico dos Stooges, *Raw Power*; e continuamente promovia Iggy Pop na imprensa. Os dois se tornaram próximos em Los Angeles, quando um derrotado Iggy Pop se internou num hospital psiquiátrico. "Acho que ele me respeitou por eu ter me colocado num manicômio", disse Iggy em 1977. "Ele foi o único a me visitar. Ninguém mais foi... ninguém. Nem mesmo meus supostos amigos de Los Angeles... mas David foi." (Nessa época, na Inglaterra, o meio-irmão esquizofrênico de Bowie, Terry, já estava internado em uma instituição psiquiátrica havia alguns anos.)

Várias sessões de estúdio em 1975 tinham produzido pouco material de valor (houve a meio fúnebre "Moving On", além de algumas faixas que acabaram em *Lust For Life*, tão modificadas que ficaram irreconhecíveis). Mas Bowie tinha convidado Iggy para a turnê de *Station to Station* e, logo nos testes de som, criaram "Sister Midnight", baseada em um riff de Carlos Alomar. Bowie tinha escrito o primeiro verso e Iggy, o resto. A letra recontava um sonho edipiano que tivera certa vez. Houve confusão entre o que era de Bowie e o que era de Iggy, e Bowie tocou "Sister Midnight" algumas vezes ao vivo em turnê, mas a música acabou se tornando a faixa de abertura de *The Idiot*, bem como primeiro fruto real de uma fértil (e mais tarde não tão fértil) parceria.

Bowie permaneceu em Clos-des-Mésanges durante a maior parte de junho, trabalhando, pintando e lendo. Ele visitou a esposa de Charlie Chaplin, Oona, que morava nas redondezas. ("Esse sujeito inteligente e muito sensível que veio da mesma região de Londres que Charlie entrou e queria conversar. Eu realmente gosto muito dele.") Era visto frequentemente pelos bares e restaurantes locais, vestido de forma simples e em geral de cabeça baixa. Mas, no final do mês, já estava cansado daquilo tudo, e voltou com Iggy Pop para o Château d'Hérouville.

O Château do século XVI era uma antiga hospedaria com estábulo, construída nas ruínas de um castelo, onde, segundo diziam, ocorreram encontros amorosos secretos entre Frédéric Chopin e sua amante George Sand. Suas vastas alas continham cerca de trinta quartos, salas de ensaio, cozinhas, uma sala de jantar e um salão de jogos. Do lado de fora havia uma piscina, quadras de tênis, um lindo complexo de fontes e cascatas e até mesmo um minicastelo, com um fosso. Os campos eram enormes, e tinha-se a impressão de se estar completamente isolado e mergulhado na zona rural, embora Paris estivesse a menos de uma hora de distância.

Foi o primeiro complexo residencial de estúdios da história — um conceito muito copiado depois. Dois estúdios eram localizados em anexos, provavelmente antigos estábulos, e um terceiro ficava na ala direita. Em 1976, o aluguel diário de um estúdio no Château custava 5.500 francos (550 libras, mil dólares), sem incluir a fita, que naqueles tempos era cara (setecentos francos por um rolo de cinquenta milímetros). Os músicos de sessão recebiam cerca de mil francos por dia. Os estúdios eram de ponta para a época; o que Bowie usou nas gravações de *The Idiot* e *Low* tinha um console MCI-500 e os primeiros monitores Westlake instalados na Europa. Originalmente inaugurados em 1969, os estúdios do Château levaram alguns anos para ganhar reputação internacional, o que acabou acontecendo quando Elton John gravou ali *Honky Château*, em 1972. Desde então, a clientela sempre em expansão do Château contava com nomes como Pink Floyd, Grateful Dead, T-Rex, Rod Stewart, Bill Wyman, Cat Stevens e Bee Gees, além de dezenas de artistas franceses.

Bowie e Iggy Pop se instalaram no Château; a ideia era gravar quando estivessem no clima, mas basicamente ir com calma. Ao que parece, eles eram amigos improváveis. Embora tivessem certas coisas em comum — ambos eram artistas de rock, ambos tinham um impasse pessoal e artístico, ambos lutavam contra drogas e problemas de saúde mental —, era na verdade um caso de opostos que se atraem. Bowie era o sexualmente ambíguo dândi inglês; Iggy Pop era o roqueiro norte-americano hipermasculino. Em termos de carreira, Bowie estava em um maremoto, sua fama transcendia em muito o mundo do rock. Em contrapartida, Iggy Pop estava no fundo do poço, totalmente quebrado, sem banda e desempregado, até que Bowie usasse sua influência para lhe conseguir um contrato na RCA. Bowie era o profissional perfeito: mesmo durante o pesadelo do vício em cocaína, ainda excursionava para promover seus álbuns, aparecia regularmente na mídia, estrelou um filme e, claro, fez gravações que muitos consideram suas melhores. Iggy Pop, por outro lado, era errático, desorganizado, não tinha autodisciplina, não aparecia nas sessões de gravação, ficou por anos sem lançar um disco novo — e estava de fato a caminho de uma queda livre não fosse a mão amiga de alguém do calibre de Bowie.

Parece que Iggy Pop precisava de Bowie muito mais do que Bowie precisava dele. Mas Iggy tinha certo prestígio underground que Bowie provavelmente invejava. "Eu não era executivo como ele", disse Iggy Pop em 1996. "Eu não podia fazer as coisas que ele parecia fazer tão bem e com tanta facilidade. Mas eu sabia que tinha algo que ele não tinha e nunca poderia ter." A persona de Iggy remetia a perigo e violência, vivência urbana, postura fora da lei, crueza, liberdade irrestrita beirando o niilismo… em suma, um instrumento contundente da masculinidade norte-americana, e o extremo oposto do que era Bowie na época. "David sempre teve um fraco por caras durões", foi o que seu amigo Marc Bolan maliciosamente declarou. Da mesma forma, Iggy Pop ficara intrigado com o jeito "music hall britânico, *vaudeville* puro", que tinha percebido em Bowie na primeira vez que se encontraram. Em outras palavras, era uma perfeita combinação de alter egos.

Havia um toque de Tom Ripley no modo como Bowie adotava aqueles que admirava, como se estes fossem outro papel a ser desempenhado. Bowie já havia procurado e feito amizade com outro sujeito durão norte-americano, Lou Reed, em circunstâncias muito similares. A antiga banda de Lou Reed, o Velvet Underground, era, claro, um elo lendário com a cena de Nova York nos anos 1960, mas, no início da década de 1970, Reed estava numa maré ruim e precisava desesperadamente de um empurrãozinho. Chegou então David Bowie, que falou com empolgação de Reed na mídia e produziu *Transformer* (1972) — que realmente transformou a carreira de Reed com o clássico hit "Walk on the Wild Side". O álbum é predominantemente sobre a cena gay e de travestis de Nova York, e o glamoroso Bowie sem dúvida ajudou a revelar a drag queen interior de Lou Reed. De certa forma, ele fez o mesmo por Iggy Pop, cobrindo a rotina de rock pesado com uma sensibilidade mais irônica, típica dos cabarés, o que lhe conferiu uma camada da delicada sofisticação europeia.

Para Bowie, *The Idiot* não dizia respeito apenas a ressuscitar a carreira paralisada de Iggy Pop. Era também um teste para *Low*, que seria gravado quase em seguida, nos mesmos estúdios. Na verdade, as gravações se sobrepunham. O engenheiro de som Laurent Thibault disse: "*Low* foi gravado depois de *Idiot*, mas saiu primeiro. David não queria que as pessoas pensassem que tinha sido inspirado pelo álbum de Iggy, quando na verdade era tudo a mesma coisa. Houve até mesmo faixas que gravamos para Iggy que acabaram em *Low*, como 'What in the World', que originalmente se chamava 'Isolation'." (É possível ouvir o backing vocal de Iggy em "What in the World".) Bowie produziu *The Idiot*, tocou muitos dos instrumentos e é coautor de todas as canções — as letras eram em sua maioria escritas por Iggy e as melodias, por Bowie. "O pobre Jim [o nome verdadeiro de Iggy], de certa forma, tornou-se uma cobaia para o que eu queria fazer com o som", explicou Bowie tempos depois. "Eu não tinha o material na época, e não sentia vontade de escrever tudo. Estava muito mais a fim de me recostar e ficar atrás do trabalho de outra pessoa, de modo que o álbum foi criativamente oportuno." Iggy Pop concorda: "[Bowie] tem um padrão de trabalho recorrente. Se ele tem uma ideia sobre uma área de trabalho em que quer entrar, como um primeiro passo ele vai usar projetos paralelos ou trabalhar para outras pessoas a fim de ganhar experiência e sentir um pouco o gostinho da coisa antes de ir lá e fazer o dele... e acho que ele também trabalhou comigo dessa maneira."

Como em *Low*, a gravação foi toda executada à noite, começando por volta da meia-noite. Bowie tocou teclado, saxofone e a maioria das partes de guitarra; os outros músicos eram Michel Marie na bateria e Laurent Thibault no baixo. Phil Palmer, sobrinho de Ray Davies, líder dos Kinks, tocou guitarra em "Nightclubbing", "Dum Dum Boys" e "China Girl". Carlos Alomar não esteve presente, mas o restante da "cozinha" de Bowie (Dennis Davis, baterista, e George Murray, baixista) se apresentou em algumas semanas. Segundo Robert Fripp, Bowie pediu que ele e Eno também comparecessem, mas "David e Iggy tiveram uma discussão e o projeto foi adiado". O tecladista Edgar Froese, do Tangerine Dream, também estava no Château, mas ao que tudo indica teve que ir embora antes de a gravação ter começado propriamente. E Ricky Gardiner, guitarrista do grupo de rock progressivo Beggars Opera, também tinha sido inicialmente convidado para dar uma ajuda em *The Idiot*, mas "então recebi um telefonema de última hora dizendo que já não era necessário que eu fosse, e que o sr. Bowie pedia desculpas", ele mais tarde lembrou. Algumas semanas depois, ele recebeu outra ligação convocando-o ao Château, "perguntando se eu poderia ir... e fazer milagre no novo álbum?". Esse novo álbum era, claro, *Low*.

No estúdio, Iggy se sentava no chão para escrever as letras, cercado de livros e pilhas de papel. Mas, em termos musicais, era Bowie quem estava no controle. Ele chegou com pequenos trechos instrumentais, gravados em minicassetes, que tocou para os músicos. O modo como os dirigia era autista, para dizer o mínimo: "Eu ficava perguntando a ele se o que estávamos tocando estava direito", lembrou Laurent Thibault em 2002. "Ele não respondia. Apenas me encarava sem dizer uma palavra sequer. Foi quando percebi que ele nunca iria responder. Por exemplo, Bowie ia tocar um piano Baldwin ligado a um amplificador Marshall. Michel se levantava da bateria para ver o que Bowie estava fazendo. Bowie continuava sem dizer uma palavra. E eu gravando tudo. David depois ouvia a fita, e, uma vez que estivesse feliz com os resultados, passávamos para a próxima atividade. Depois de um tempo, paramos de nos preocupar em perguntar qualquer coisa." Eles gravaram rapidamente, sem nunca ficar explícito se estavam trabalhando no álbum de Iggy ou no de Bowie.

De acordo com Thibault, os sons de bateria característicos de *Low* foram concebidos nessas sessões também. O Château foi o primeiro na Europa a ter um Eventide Harmonizer, um dispositivo eletrônico que permitia aumentar ou diminuir a altura de qualquer instrumento específico sem ter de abaixar o som da fita toda, como era necessário anteriormente. Bowie, ao que parece, decidiu ligar o Harmonizer à bateria, com resultados surpreendentes. No entanto, esse relato não se encaixa com o de Visconti (como veremos um pouco mais adiante). E, ouvindo *The Idiot*, embora pareça que algumas músicas tenham um som de bateria tratado (em especial "Funtime"), ele não é nem de longe tão evoluído nem tão surpreendente quanto o que Visconti desenvolveu para *Low*.

Na época, Iggy Pop falava entusiasticamente de *Idiot* como uma mistura de Kraftwerk e James Brown. Isso é um exagero, e na verdade seria uma descrição melhor do primeiro lado de *Low*. *The Idiot* ainda é, principalmente, um álbum de rock — repleto de improvisações no estilo heavy metal — e não interage realmente com uma sensibilidade pop como *Low*. No entanto, é perceptível a presença da sensibilidade de Bowie, que sempre amplia seu plural repertório de gêneros, apropriando-se deles ao seu modo. Uma pegada de funk aparece na maioria das faixas; sintetizadores preenchem o som (ora imitando cordas, ora como efeitos sonoros); o uso precoce de uma máquina de ritmos caracteriza "Nightclubbing"; e as linhas dissonantes e errantes da guitarra solo (tocada principalmente por Bowie) são muito semelhantes ao que Ricky Gardiner conseguiu no primeiro lado de *Low*. O experimentalismo é mais aparente na faixa final, "Mass Production", com seu ruído industrial em looping. "Fizemos um loop de fita usando o sintetizador ARP de David", lembrou Laurent Thibault, "mas soava errático demais e David não gostou. Então tive a ideia de gravá-lo numa fita de um quarto de polegada, e, quando ele ficou satisfeito, criei um loop tão grande que tivemos de colocar suportes para microfone em volta do console. À medida que o loop girava dava para ver a fitinha branca, fazendo-o parecer um trem de brinquedo. David ficou sentado em sua cadeira giratória por 45 minutos, apenas observando o círculo de fita girar sem parar pelos quatro cantos da sala, até que finalmente pronunciou a palavra 'gravar'". (Claro, isso aconteceu num tempo em que não havia sequenciadores — hoje é possível fazer tudo isso num computador em poucos minutos.)

The Idiot também revela Iggy Pop se aventurando em outras linguagens, experimentando com a voz: "Trabalhar com [Bowie] como produtor… ele era um pé no saco — megalomaníaco, *loco*! Mas tinha boas ideias. O melhor exemplo que posso dar é o de quando eu estava trabalhando na letra de 'Funtime' e ele disse: 'É, a letra é boa. Mas não cante isso como um roqueiro. Cante como Mae West.' E isso trouxe influências de outros gêneros, como o cinema. Também era meio gay. Os vocais ficaram mais ameaçadores em função daquela sugestão."

O canto catatônico e lúgubre de Iggy — como um Frank Sinatra drogado — é uma das marcas registradas do álbum. Como em *Station to Station*, o canto sentimental vem como uma forma de histeria masculina alienada. Já na primeira faixa, a excelente "Sister Midnight", sente-se o viés emocionalmente distorcido do álbum. Um baixo e um fraseado funk duelam com guitarras sujas e dissonantes, enquanto o baixo profundo de Iggy contrasta de forma estranha com os ganidos em falsete de Bowie. As letras definem o atormentado tom psiquiátrico do disco, conforme Iggy relata um sonho em que "Mother was in my bed, and I made love to her/ Father he gunned for me, hunted me with his six-gun" [Mamãe estava na minha cama, e fiz amor com ela/ Papai atirou em mim, foi atrás de mim com seu revólver].

Há uma sensação impiedosamente perturbadora no álbum, que seria demais não fossem os toques irônicos e as pitadas de humor negro espalhados na maioria das faixas. A visão autista de mundo em *Low* é aquela em que os relacionamentos são uma impossibilidade; em *The Idiot*, relações não são apenas possíveis, mas um vício mutuamente destrutivo. As canções começam com uma visão de codependência feliz, apenas para mergulhar em ruptura e depressão ou violência. "China Girl" (regravada por Bowie seis anos depois como uma música pop ordinária, mas aqui em sua excelente versão original) faz uso da analogia Oriente e Ocidente, à medida que Iggy corrompe sua amante oriental com "television, eyes of blue" [televisão, olhos melancólicos] e "men who want to rule the world" [homens que querem governar o mundo]. (A canção também alude aos delírios messiânicos de Bowie: "I stumble into town, just like a sacred cow, visions of swastikas in my head, plans for everyone" [Eu vago pela cidade, tal como uma vaca sagrada, visões de suásticas na cabeça, planos para todos].) Mesmo a divertida "Tiny Girls" (um ousado título, dadas as inclinações sexuais de Iggy Pop na época) termina com a amarga mensagem de um mundo onde até as "girls who have got no tricks" [garotas que não têm truques], no fim das contas, "sing of greed, like a young banshee" [cantam de cobiça, como jovens *banshees*]. Relacionamentos são disputas de poder nas quais mentiras e trapaças são as armas e os fortes esmagam os fracos.

Há aí misoginia, mas também muito ódio a si mesmo — na verdade é praticamente o tipo de álbum que se espera que dois junkies fugindo de relacionamentos deteriorados pudessem fazer. Mas as canções são principalmente permeadas de ironia e toques bem-humorados. A exceção está no minuto 8:30 da faixa final — nada no restante do álbum corresponde ao niilismo puro de "Mass Production". (Eno descreveu a audição do álbum como algo parecido a bater com a cabeça no concreto, o que não é verdade, exceto talvez por essa faixa.) Trituração e ruídos industriais de sintetizadores enfrentam guitarras distorcidas sobre a imagística genocida de "smokestacks belching, breasts turn brown" [chaminés expelindo, peitos ficam marrons]. Iggy Pop canta sob o pano de fundo do suicídio ("although I try to die, you put me back on the line" — "embora eu tente morrer, você me põe de volta na linha"), implorando à amante que de forma ingrata o salvou: "give me the number of a girl almost like you" [me dê o número de uma garota quase como você], pois "I'm almost like him" [sou quase como ele]. O distanciamento do eu está agora completo, e a canção desmorona em um pandemônio de sintetizadores dessintonizados e ruídos de triturador.

O *imprimatur* estilístico de Bowie está por todo o álbum. Mesmo a alusão literária do título é mais Bowie do que Pop. A capa é uma foto em preto e branco de Iggy Pop em uma pose estilo caratê, inspirada pela pintura *Roquairol*, do pintor expressionista alemão Erich Heckel — uma referência à la Bowie. Bowie não somente escreveu a maior parte das músicas, mas também sugeriu temas e títulos para as canções, e, via de regra, ativou a imaginação de Iggy. Para "Dum Dum Boys", "eu só tinha algumas notas no piano, não conseguia terminar a melodia", contou mais tarde Iggy Pop. "Bowie disse: 'Você não acha que seria possível fazer alguma coisa com isso? Por que você não conta a história dos Stooges?' Ele me deu o conceito da canção e também me deu o título. Então adicionou aquele arpejo de guitarra que os grupos de metal amam hoje em dia. Ele tocou isso, e em seguida pediu a Phil Palmer para tocar a melodia de novo porque não achou sua performance no instrumento boa o bastante, em termos técnicos." Iggy estava bem ciente do risco de o álbum ser percebido como de Bowie, e não seu. E essa consciência moldou seu trabalho na colaboração seguinte dos dois, *Lust for Life*: "A banda e Bowie deixavam o estúdio para dormir, mas eu não. Eu trabalhava para estar um passo à frente deles no dia seguinte... Olha, Bowie é um cara muito rápido. Um pensador muito rápido, com ação rápida, uma pessoa muito ativa, muito perspicaz. Percebi que tinha de ser mais rápido do que ele, senão de quem seria o álbum?"

No entanto, a influência não era definitivamente uma via de mão única. O som mais áspero e desordenado da guitarra é algo que inspirou *Low* e foi mais desenvolvido em *"Heroes"*. Bowie também ficou especialmente impressionado com o jeito de Iggy com as palavras: "[China Girl] tem uma letra extraordinária, era como se ela estivesse sendo colocada para fora enquanto ele escrevia", Bowie lembrou em 1993. "Ela foi literalmente colocada para fora na sessão de gravação, quase *verbatim*. Ele mudou talvez três ou quatro versos. Mas era um talento extraordinário para o pensamento livre e espontâneo."

As letras de Iggy Pop mostraram a Bowie uma nova forma de escrever, que aparece em *Low* ("the walls close in and I need some noise" [as paredes se fecham e eu preciso de algum barulho] [trecho de "Dum Dum Boys"] soa um pouco como um verso perdido de "Sound and Vision"). Em álbuns anteriores, temos a sensação de que os esforços de Bowie para escapar do clichê o fizeram recorrer a construções cada vez mais barrocas e a uma imagística rara. E, por vezes, ele foi longe demais ("where the dogs decay defecating ecstasy, you're just an ally for the leecher, locator of the virgin king" [onde os cães decaem, defecando êxtase, você é apenas um aliado da sanguessuga, locador do rei virgem]). Mas com Iggy Pop não há arroubos estudantis desse tipo. Ele sabe o macete para evitar o clichê, mantendo as coisas simples, diretas e pessoais. A morte espreita o trabalho dos anos 1970 de ambos, mas Bowie não tem nada tão direto como "though I try to die, you put me back on the line". Em vez disso, aloca o impulso de morte na mística dos suicídios do rock-and-roll, de amantes pulando no rio de mãos dadas, e assim por diante. Essa imagística romântica é evitada em *Low*.

The Idiot é um álbum intenso, que trouxe o melhor de ambos. Não foi um grande sucesso comercial na época, mas, por outro lado, também não houve qualquer concessão comercial na sua criação. No entanto, a seu modo, *The Idiot* acabou por ser tão influente quanto *Low*. É difícil imaginar o canto denso de Ian Curtis, do Joy Division, se Iggy Pop não tivesse chegado lá primeiro. E "Mass Production" é quase um modelo para o Joy Division (e muito provavelmente a última canção que Ian Curtis ouviu também — *The Idiot* ainda estava girando na vitrola quando sua esposa encontrou seu corpo sem vida). Se Iggy Pop foi o padrinho do punk, então *The Idiot* era o som de Iggy enquanto se mantinha um passo à frente (com a ajuda de Bowie, claro), guiando uma nova geração para a cena pós-punk do final dos anos 1970 e início dos anos 1980.

Bowie ainda estava sofrendo de problemas mentais — de paranoia e ilusões de magia negra. Em várias ocasiões, apareceu no hospital da vizinha Pontoise convencido de que estava sendo envenenado. Certa vez, Iggy Pop o empurrou de brincadeira na piscina do Château. Visivelmente abalado, Bowie decidiu abandonar as sessões de gravação na mesma hora — meses antes, numa festa em Los Angeles, o ator Peter Sellers o alertara sobre o perigo oculto de "manchas escuras" no fundo das piscinas. As sessões foram suspensas por vários dias, até que Iggy o convenceu a voltar. O engenheiro de som Laurent Thibault também ficou do lado errado da paranoia de Bowie. Thibault basicamente coproduziu o álbum e também o mixou com Tony Visconti, mas foi deixado (junto com todos os músicos da sessão) fora dos créditos. Bowie colocou na cabeça que Thibault introduzira de forma clandestina um jornalista no Château, embora ele na verdade soubesse de tudo e tivesse provavelmente organizado ele mesmo o encontro. "David não estava lá para a entrevista, mas me disse que havia um jornalista a caminho e o que eu tinha que dizer a ele", recordou Thibault. "Depois, quando voltou ao Château, jogou um exemplar da *Rock & Folk* [uma espécie de *Rolling Stone* francesa] na minha cara enquanto saía do carro. Ele disse que não sabia que havia um traidor entre nós... O jornalista tinha pedido os nomes dos músicos. David tinha ficado feliz em compartilhar a informação, mas aí mudou de ideia, não queria que ninguém soubesse. E então me disse que esse artigo francês poderia aparecer internacionalmente, que o que eu tinha dito seria levado ao pé da letra e que, por causa disso, ele não poderia colocar meu nome nos créditos do disco. Claro, fiquei de queixo caído, e, no caminho de volta a Paris, ele me disse que isso me ensinaria uma lição."

Em agosto, com o Château já reservado para outra banda, as sessões de *The Idiot* passaram para os estúdios do Musicland, em Munique, propriedade de Giorgio Moroder. Bowie se encontrou com Moroder e seu sócio e produtor, Peter Bellote, os arquitetos do eurodisco à base de sintetizadores que na época estava varrendo a Alemanha. Nunca houve planos para trabalharem juntos naqueles tempos (trabalhariam anos mais tarde), mas, vendo por certo ângulo, Moroder e Bowie não estavam tão distantes no que faziam. Moroder usava a música disco de Nova York combinando-a a sintetizadores e a uma batida robótica e surda para criar uma dance music particularmente europeia. No ano seguinte, Moroder e Bellote produziriam o muito influente hino disco com sintetizadores "I Feel Love", de Donna Summer, que deixou Eno bastante impressionado.

De acordo com Bowie, ele e Eno começaram a se encontrar por volta desse período. Bowie conta: "Em nossos tradicionais encontros musicais, Eno e eu trocávamos sons que amamos. Eno me apresentou, entre outros, seu favorito da época, o R&B militar de Giorgio Moroder e Donna Summer, e eu toquei Neu! para ele, e o resto do som de Düsseldorf. Eles se tornaram de algum modo parte da nossa trilha sonora para o ano." Isso soa um pouco improvável — Eno já teria ouvido Neu! no verão de 1976, pois já tinha se encontrado e trabalhado com Michael Rother, guitarrista do Neu! (outro grupo de Rother, o Harmonia, tinha sido promovido por Eno ainda em 1974).

De qualquer forma, o Neu! foi certamente uma parte do horizonte musical de Bowie naquele tempo: "Comprei meu primeiro vinil, *Neu! 2*, em Berlim por volta de 1975, quando fazia uma breve visita", ele se lembrou mais tarde. "Comprei porque sabia que eles eram um desdobramento do Kraftwerk, e tinha que valer a pena ouvir. Na verdade eles se revelariam irmãos excêntricos e anarquistas do Kraftwerk. Fiquei completamente seduzido pelo encontro da agressividade da guitarra distorcida com a bateria quase-mas-não-muito robótica/maquinal de Dinger. Embora muito sutil, é possível notar um pouco da sua influência em 'Station to Station'. De fato, no verão de 1976, chamei Michael Rother e perguntei se ele estaria interessado em trabalhar comigo e com Brian Eno no meu novo álbum, *Low*. Apesar de entusiasmado, Michael teve de recusar, e até hoje me pergunto como essa trilogia teria sido afetada pela sua influência."

Mais uma vez, Bowie confunde alguns fatos. Ele não esteve na Europa em qualquer momento de 1975, então supõe-se que tenha sido na primavera de 1976 que ele adquiriu pela primeira vez um álbum do Neu!. (Isso me deixa perplexo, pois também identifico uma influência do Neu! em *Station to Sta-*

tion.) E Michael Rother lembra que foi procurado por Bowie em 1977 para as sessões de *"Heroes"*, não de *Low*. Segundo uma entrevista com Bowie para a revista *Uncut* em 2001, "Michael Dinger" fora sua primeira escolha de guitarrista para *Low*. Bowie com certeza quis dizer Klaus Dinger, a outra metade do duo Neu!. O convite teria sido feito quando estava no Château, mas Dinger o recusou com polidez.

Rother e Dinger inicialmente tocaram no Kraftwerk, mas saíram em 1971 para perseguir seu som mais orgânico, gravando três influentes álbuns (*Neu!, Neu! 2* e *Neu! 75*). O som do Neu! tinha a ver com texturas, com a ideia de levar as coisas de volta a estruturas simples até que fosse possível chegar a um groove meditativo e psicodélico, muitas vezes chamado de *motorik*. (Eno conta: "Houve três grandes batidas nos anos 1970: o afrobeat de Fela Kuti, o funk de James Brown e a batida Neu! de Klaus Dinger.") *Motorik* era basicamente um ritmo constante de compasso $4/4$ que muitas vezes aumentava lentamente de volume; mas o que o tornava diferente é que não havia mudança de andamento, não havia síncope nem variações mínimas. Guitarras e outros instrumentos acompanhavam a batida, e não o contrário. Era muito humano, uma vibração que simplesmente não cessava, induzindo a um estado de espírito de transe e ao surgimento suave da emoção. "É uma sensação, como um quadro, como dirigir por uma longa estrada ou pista", Klaus Dinger explicou em 1998. "É essencialmente sobre a vida, como você tem que se manter em movimento, entrar e permanecer em movimento."

Bowie menciona bastante o Neu! nessa época, mas não ouço nada em *Low* que soe muito como eles (embora "A New Career in a New Town" seja uma espécie de tributo à banda La Düsseldorf, dissidente do Neu!). No entanto, há uma convergência na abordagem de bandas como Neu! e aquilo que Bowie faz em *Low*. A sensação de que muitos artistas alemães foram então obrigados a recomeçar com uma página em branco depois das traições de uma geração anterior, de que tiveram que parar tudo para ver o que ia surgir, tudo isso ressoa em *Low*. Em parte, os movimentos de astro do rock e as máscaras cedem lugar a um junkie que tenta se livrar do vício enquanto vive sobre uma oficina mecânica num quarteirão de imigrantes em Berlim. "Nothing to say, nothing to do… I will sit right down, waiting for the gift of sound and vision" [Nada a dizer, nada a fazer… Vou me sentar, esperar pela dádiva do som e da visão].

Outro elemento que Bowie compartilha com bandas alemãs como Neu! e Can é a disposição para tratar a música com paisagens sonoras e não com canções estruturadas, com suas "narrativas" melódicas. Isso é muito perceptível em faixas como "Weeping Wall" e "Subterraneans". Elas têm também uma placidez emocional, bem diferente do registro histriônico que Bowie muito frequentemente usou em álbuns anteriores para expressar emoção. Muitas bandas alemãs também compartilhavam uma estratégia de repetição radical revestida de experimentação. Havia a batida *motorik* do Neu!, as batidas robóticas do Kraftwerk, mas também os grooves intermináveis do Can em canções como "Halleluwa", que soam como um longo improviso, mas que na verdade foram cuidadosamente reconstruídos em estúdio com loops de fita. Bowie e Eno estavam tendo ideias parecidas sobre repetição somada a experimentação em estúdio.

De Munique, as sessões de *The Idiot* passaram para Berlim, para os estúdios Hansa-by-the-wall. O núcleo da equipe de *Low* se reuniu ali para o trabalho final no disco — a seção rítmica, Carlos Alomar, Dennis Davis e George Murray, bem como o produtor Tony Visconti, que Bowie tinha chamado para mixar as fitas. Bowie queria que Visconti produzisse, mas ele não estava disponível, então o próprio Bowie fez o trabalho, auxiliado por Laurent Thibault. Visconti achou a qualidade da fita muito ruim — um "trabalho de salvamento" —, e fez o melhor que pôde com o que tinha em mãos. (Por fim, o som ligeiramente turvo de *The Idiot* acrescenta, em vez de diminuir o álbum.)

Essa foi a primeira vez que Bowie trabalhou no Hansa-by-the-wall, onde ele e Visconti iriam mais tarde mixar *Low* e gravar sua sequência, *"Heroes"*. O estúdio ficava a apenas vinte ou trinta metros do Muro de Berlim: "Da sala de controle podíamos ver o Muro, e também sobre ele e seu arame farpado, os Guardas Vermelhos em suas torres", lembrou Visconti. "Eles tinham enormes binóculos e olhavam para a sala de controle e nos observavam trabalhar, porque eram tão fascinados por famosos quanto qualquer pessoa. Um dia, perguntamos ao engenheiro de som se ele se sentia um pouco desconfortável com os guardas olhando para ele o tempo todo. Eles poderiam facilmente atirar em nós a partir do lado oriental, porque era realmente perto. Com uma boa visão telescópica, poderiam ter nos ferido. Ele disse que, com o tempo, a pessoa se acostuma, e em seguida se virou, pegou uma lanterna no alto e apontou-a para os guardas, colocando a língua para fora e pulando para cima e para baixo para irritá-los. David e eu nos enfiamos bem debaixo da mesa de gravação. 'Não faça isso', dissemos, com medo de morrer!"

Berlim tinha o clima carregado dos romances de John Le Carré. "O grande lance de todos esses álbuns de Bowie/Eno/Iggy/Hansa foi a mitologia que acompanhou sua criação", comentou o baterista do New Order, Stephen Morris, em 2001. "Por que um estúdio com vista para o Muro de Berlim era tão importante? O Muro fornecia à cidade mais simbolismo do que ela poderia suportar. Todas as cidades construíram mitos ao seu redor — mas, na Berlim dos anos 1960 e 1970, havia o risco de o mito sufocar a cidade sob ele. Esta era a Berlim como decadente posto avançado do Ocidente — perigosamente cortada e estiolada, congelada na esteira do desastre, uma cidade que continuava a pagar por seus pecados, onde a paranoia não era um sinal de loucura, mas a resposta correta à situação. O simbolismo do Muro era tanto psicológico quanto político. Não era apenas um microcosmo da Guerra Fria, era também um espelho para onde se podia olhar e ver um mundo de vidro, absolutamente como o seu, mas absolutamente diferente também. Ele dividiu mentalidades e expandiu a esquizofrenia para o tamanho de uma cidade. E o Muro era apenas uma das muitas camadas do mito de Berlim.

Esperando pela dádiva

Com *The Idiot* mixado, Bowie voltou para sua casa na Suíça, onde Eno logo se juntou a ele. Começaram a escrever e a ter ideias para o novo álbum, naquele momento provisoriamente chamado *New Music: Night and Day* (um título que captou o conceito dos dois lados diferentes, mas que soava um tanto pomposo, como o trabalho de um compositor minimalista). Poucas semanas antes do começo das gravações, Bowie tinha dado um telefonema a Visconti: "Ele me ligou, na verdade era uma teleconferência, tinha Brian em uma linha e ele em outra", disse Visconti, mais tarde, ao locutor australiano Allan Calleja. "Eu estava em Londres e David e Brian, na Suíça, acho, onde David morava. David disse: 'Temos um álbum conceitual aqui, queremos torná-lo realmente diferente, estamos escrevendo umas canções estranhas, umas canções muito curtas.' Foi combinado desde o início que um lado seria de canções pop e o outro de ambiente, no estilo de Brian e Tangerine Dream e Kraftwerk." De fato, parece que a ideia original não tinha sido exatamente a de fazer canções pop para o primeiro lado, e sim canções de rock puro, com intervenção mínima de estúdio. Isso teria enfatizado duas abordagens completamente diferentes, talvez em detrimento de absolutamente qualquer unidade sonora. Mas pode ser que Bowie tenha tirado a ideia do rock puro de seu sistema com *The Idiot*. Além disso, trabalhar com Eno sempre teria mais a ver com pop.

A ideia era uma experimentação radical. Visconti disse: "Nós três concordamos em gravar sem qualquer promessa de que *Low* seria lançado. David tinha me perguntado se eu não me importaria em desperdiçar um mês da minha vida nesta experiência caso ao final não desse certo. Ei, estávamos em um castelo francês no mês de setembro e o tempo estava ótimo!" Bowie perguntou a Visconti com o que ele achava que poderia contribuir para as sessões; Visconti mencionou o Harmonizer Eventide, que tinha acabado de obter. Bowie perguntou o que o dispositivo fazia, e Visconti respondeu com a famosa frase: "Ele fode com o tecido do tempo!" Bowie estava contente e "Eno ficou frenético. Ele disse: 'Nós temos que ter isso!'."

Nascido no Brooklyn, Tony Visconti tinha começado a tocar em várias bandas em Nova York e em outros lugares do país, conquistando uma reputação de exímio baixista e guitarrista. Ele lançou alguns singles como parte de um dueto com sua esposa, Siegrid, mas, quando o último single fracassou, foi trabalhar como produtor de um selo de Nova York. Pouco depois, ele se mudou para Londres, onde conheceu um ainda-não-bem-sucedido David Bowie nos estágios iniciais de sua carreira. Juntos gravaram *Space Oddity* (excluindo a faixa-título) e *The Man Who Sold the World*, embora Visconti tenha ficado de fora dos álbuns que levaram Bowie ao estrelato (*Ziggy Stardust*, *Aladdin Sane*). Mas ele se uniu a Bowie novamente para mixar *Diamond Dogs* e produzir *Young Americans*, o primeiro sucesso avassalador de Bowie nos Estados Unidos.

Visconti tinha chegado à maturidade como produtor na Londres dos anos 1960, uma época de transição em que os produtores estavam se tornando muito menos técnicos de laboratório e atuando mais como membros invisíveis da banda, aqueles que lidavam com a tecnologia que conduzia a experimentação. O trabalho de George Martin em meados dos anos 1960 com os Beatles foi claramente um tipo de modelo para Visconti. Em vez das tomadas ao vivo dos primeiros álbuns dos Beatles, Martin gravaria diferentes faixas instrumentais, vocais e de percussão e as construiria, camada sobre camada, ao longo de várias sessões. Em outras palavras, o processo começou a ter uma influência mais direta sobre o conteúdo.

Visconti destacou "Strawberry Fields" como o momento em que "George nos mostrou de uma vez por todas que o próprio estúdio de gravação era um instrumento musical". Os Beatles tinham gravado duas versões da música, uma mais psicodélica e outra mais discreta, com instrumentação de inspiração clássica. Lennon gostava do começo da primeira e do fim da segunda; o problema é que elas tinham sido gravadas em velocidades ligeiramente diferentes, o que fazia com que tons diferissem por um semitom. Martin acelerou uma versão, desacelerou a outra e depois juntou as duas. "Essa faixa foi a linha divisória entre aqueles que gravaram mais ou menos ao vivo e aqueles que queriam levar a música gravada para os extremos da criatividade", comentou Visconti posteriormente à *Billboard*. Aqui já é possível notar que as visões que Visconti e Eno têm do estúdio se encontram, mesmo convergindo a partir de diferentes pontos de vista.

O fato de Visconti não ter sido formado no estúdio, mas de ter começado como músico, também lhe dava uma abordagem diferente, mais híbrida, em relação aos deveres de um produtor. Ele sabia tocar vários instrumentos, e era um excelente arranjador. Era outra área em que, a princípio, tinha observado George Martin: "Eu lia Beethoven e Mozart e aprendia ao observar como eles conduziam a harmonia na seção de cordas, e adotava isso. E depois ouvia George Martin e dizia: 'Foi o que ele fez. Ele ouviu Bach…' Ele pega uma coisa clássica, antiga e consagrada e coloca em um contexto pop, então eu só percebi isso. Eu apenas o imitei por alguns anos, até que desenvolvi alguns truques por conta própria." Toda essa expertise interdisciplinar fazia com que Visconti acabasse desempenhando um papel maior no estúdio do que a maioria dos produtores. Em álbuns de Bowie, Visconti não apenas é engenheiro de som e mixador, mas muitas vezes faz os arranjos (a parte do violoncelo em "Art Decade", por exemplo) e, por vezes, também canta e toca vários instrumentos.

As gravações de *Low* começaram no Château em 1º de setembro, sem Eno nos primeiros dias. A banda reunida era a seção rítmica de R&B que acompanhava Bowie desde *Young Americans*, ou seja, Carlos Alomar, George Murray e Dennis Davis. Na guitarra solo estava Ricky Gardiner, uma sugestão de Visconti depois que outras escolhas de Bowie não se concretizaram (Visconti e Gardiner tinham trabalhado em demos para o que se tornaria o único álbum solo de Visconti, *Inventory*). O principal tecladista foi Roy Young, ex-Rebel Rousers; ele também tinha tocado com os Beatles no início dos anos 1960. Young encontrara Bowie pela primeira vez em 1972, quando tocaram no mesmo evento; Bowie o queria em *Station to Station*, mas avisara com pouca antecedência. Então, no verão de 1976, quando Young estava tocando em Londres, Bowie o chamou, pedindo que fosse até Berlim. Aparentemente, de início Bowie quis gravar *Low* no Hansa, mas depois mudou de ideia, talvez porque já tivesse pagado adiantado pelo tempo de estúdio na França. Em todo caso, alguns dias depois ele voltou a ligar para Young para mudar o local para o Château.

Os métodos de trabalho de Bowie e Visconti se consolidaram nas sessões de *Low*. Eles começavam tarde. (Eno: "Tudo era feito durante as madrugadas, então eu ficava meio atordoado a maior parte do tempo, os dias se arrastavam.") Como em *The Idiot*, Bowie ia ao estúdio com vários trechos em fita — material de *O homem que caiu na Terra*; sobras das sessões de *The Idiot*; coisas que havia gravado em sua casa na Suíça —, mas não havia canções completas escritas, nem letras. Em outras palavras, o estúdio era parte importante do processo de escrita. Para começar, seria dito à banda que improvisasse livremente sobre uma célula musical. Podia haver uma direção mínima de Bowie ou Visconti, e algum experimento com estilos diferentes, mas basicamente eles apenas continuavam improvisando uma mesma sequência de acordes até que algo se desenvolvesse e um arranjo surgisse. Carlos Alomar: "Eu me reunia com o baterista e o baixista e trabalhávamos em uma canção, talvez reggae, talvez lenta ou rápida, e deixávamos David ouvir de três ou quatro maneiras diferentes, e não importava a forma como ele quisesse fazer aquilo, nós apenas fazíamos... Basicamente, ele diz: 'Que tal algo assim?' 'Ok, tudo bem.' Eu começava a fazer grooves e a tocar até encontrar alguma coisa, e essa habilidade tem sido uma redenção." A base rítmica forneceu o ponto de partida para a maior parte do primeiro lado, e Bowie era generoso com os créditos de composição quando achava que um dos músicos tinha aparecido com um elemento definidor. Alomar já tinha créditos para seus riffs em "Fame" e "Sister Midnight". Em *Low*, Bowie dividiu por três os créditos de "Breaking Glass", com o baixista George Murray e o baterista Dennis Davis.

Essa fase inicial de preparação de bases foi muito rápida, e, no caso de *Low*, levou apenas cinco dias. Depois dela, Dennis Davis e George Murray não fizeram mais parte do processo (na verdade, quando Eno apareceu no Château, eles já tinham ido embora). Uma vez que Bowie estava feliz com as bases, o trabalho com overdubs poderia começar — basicamente, a gravação de guitarra e outros solos. Alomar normalmente fazia um solo inicial para manter a base rítmica coesa, mas depois gravava um novo. Ricky Gardiner e Roy Young também gravaram suas partes. Em *Low*, via de regra, elas eram tratadas eletronicamente por Visconti, Eno ou Bowie (não há muito som "natural" no disco), e era aí então que as sessões entravam em uma fase mais experimental e nebulosa. Parte disso tinha a ver com o fato de Visconti tratar os instrumentos ao mesmo tempo que os músicos tocavam, usando o Harmonizer, vários filtros de áudio, reverbs e uma panóplia de recursos usados em estúdio.

Eno usava principalmente um sintetizador portátil que havia trazido. Visconti diz: "Ele tinha um sintetizador antigo que vinha numa maleta, feito por uma empresa extinta chamada EMS. Ele não tinha um teclado de piano, como os sintetizadores modernos. Tinha um monte de botões pequenos e uma placa cheia de minicavilhas, como uma velha central telefônica para conectar os vários parâmetros. Mas sua *pièce de résistance* era um pequeno 'joystick', desses que a gente vê em fliperamas." (Esse sintetizador ainda sobreviveu muito, tendo sido usado por Bowie em um álbum mais recente, *Heathen*: "Alguns anos atrás, um amigo foi gentil o bastante para comprar para mim o sintetizador original EMS AKS que Eno usou em tantas gravações clássicas dos anos 1970. Na verdade, foi o que ele usou em *Low* e *"Heroes"*. Estava sendo vendido em um leilão, e o arrematei no meu aniversário de cinquenta anos. Passar com ele pela alfândega sempre foi um problema, porque nos raios X a maleta parece uma bomba portátil. Eno foi chamado a dar explicações em várias oportunidades, e eu nem sonharia em carregá-lo comigo hoje em dia.")

Essa também foi a fase em que Eno muitas vezes ficava sozinho no estúdio montando uma "base sonora". Eno: "Eu estava tentando dar à trilha uma espécie de qualidade sonora, para que tivesse uma sensação distinta em termos de textura, de atmosfera [...] É difícil descrever isso porque nunca era a mesma coisa, não dá para fazer uma descrição fácil em termos musicais comuns. Tratava-se de fazer o que é possível com uma fita, de modo que fosse viável tratar a música como uma coisa maleável. Você tem uma coisa ali, mas pode começar a apertá-la e a mudar sua cor, colocar essa coisa muito mais à frente de outra, e assim por diante."

Enquanto a seção rítmica dedicava-se a encontrar um groove que funcionasse — em outras palavras, encontrar o padrão —, Eno estava mais preocupado em quebrar esses padrões a que a mente instintivamente recorria quando deixada por conta própria. Um dos métodos que ele e Bowie utilizaram em *Low* foram as "Oblique Strategies" [estratégias oblíquas], que Eno tinha criado com o artista Peter Schmidt no ano anterior. Tratava-se de um baralho de cartas, e cada carta trazia um comando ou observação. Se você entrasse num impasse criativo, devia virar uma das cartas e seguir as instruções. Os comandos vão de algo bem banal ("Vá lavar a louça") ao mais técnico ("Realmente as gravações em uma situação acústica"; "A fita agora é a música"). Algumas cartas se contradizem ("Remova especificidades e converta em ambiguidades"; "Remova ambiguidades e converta em especificidades"). Algumas usam substituição wildiana ("Não tenha medo de coisas porque são fáceis de fazer"). E várias tendem ao freudiano ("Seu erro foi uma intenção oculta"; "Enfatize as falhas"). O estresse está em capitalizar o erro como uma maneira de atrair a aleatoriedade, enganando a si mesmo de forma a chegar a uma situação interessante e, crucialmente, deixando espaço para aquilo que não pode ser explicado — um elemento de que toda obra de arte precisa.

As "Oblique Strategies" realmente funcionaram? É provável que elas fossem mais importantes do ponto de vista simbólico que do prático. Alguém com um perfil teórico cerebral como Eno tinha mais necessidade de um disjuntor mental do que alguém como Bowie, que era um improvisador natural, um *collagiste*, um artista impertinente. Qualquer pessoa que esteja envolvida com as artes criativas sabe que eventos casuais no processo desempenham um papel importante, mas para mim há algo ligeiramente autodestrutivo na ideia de "acidentes planejados". As "Oblique Strategies" certamente criaram tensões, como Carlos Alomar explicou a David Buckley, biógrafo de Bowie: "Brian Eno chegou com todas essas cartas que ele tinha feito, e elas supostamente deveriam ajudar a eliminar um bloqueio. Agora, você tem que entender uma coisa: eu sou músico. Estudei teoria musical, estudei contraponto e estou acostumado a trabalhar com músicos que sabem ler partitura. Aí chega Brian Eno, e vai até um quadro-negro. Ele diz: 'Aqui está a batida, e, quando eu apontar para um acorde, você toca o acorde.' Então nós ficávamos tocando acordes aleatórios. No final, não me contive: 'Isso é uma bobagem, uma droga, parece estúpido.' Eu resisti, com todas as minhas forças. David e Brian eram dois intelectuais e tinham uma camaradagem muito diferente, uma conversa mais pesada, uma europeidade. Era demais para mim. Ele e Brian começavam a falar sobre música em termos históricos e eu pensava: 'Bem, isso é uma idiotice — a história não vai aparecer com um refrão para a música!' Estou interessado no que é comercial, no que tem funk e no que vai fazer as pessoas dançarem!" É possível que a tensão criativa entre esse tipo de abordagem tradicionalista e o experimentalismo de Eno tenha sido mais produtiva do que os "acidentes planejados" em si. Como disse o próprio Eno: "O lugar interessante não é o caos, nem a coerência total. Ele está em algum ponto na interseção entre uma coisa e outra."

A fase final da gravação era o nascimento real de uma música. Bowie experimentava diante do microfone, tentando diferentes vozes com diferentes naturezas emotivas, encontrando, por fim, aquela que se encaixava com a canção. Visconti e Eno faziam sugestões, mas esta fase era mais exclusivamente o show de Bowie do que de qualquer outro. Uma vez que ele encontrava a voz, todo o resto se encaixava — uma linha melódica se materializava; as letras encontravam sua forma. Algumas canções ("Sound and Vision", "Always Crashing in the Same Car") tinham versos extras, mas, quando Bowie voltou a ouvi-las, decidiu que não gostava deles e os eliminou. De certa forma, ele fazia tudo de trás para a frente: primeiro estabelecia o contexto, depois ia em busca do conteúdo. E, em última instância, as letras eram tanto textura quanto entonação de voz ou pano de fundo instrumental — a ponto de as palavras em "Warszawa" estarem literalmente em uma língua imaginária, o conteúdo semântico desvinculado da letra.

Pelos pensamentos da manhã

Low começa com uma breve ode ao movimento, "Speed of Life". A diferença entre esta faixa de abertura e a do álbum anterior de Bowie dificilmente poderia ser mais impressionante. Como vimos, a faixa-título de *Station to Station* é um épico arrebatador sobre o romance com a cocaína. Embora não tenha uma narrativa no sentido tradicional, possui um arco lírico que se move do mago alienado, "perdido no meu círculo" [lost in my circle], para a redenção no "cânone europeu" [European canon]. Há um arco musical também, com uma sucessão de linhas melódicas e uma progressão de temas. Em contrapartida, "Speed of Life" é instrumental — a primeira obra instrumental de Bowie —, e, portanto, não tem narrativa a oferecer. (Originalmente, a ideia era que tivesse letra, assim como "A New Career in a New Town", mas Bowie estava tendo dificuldades com as palavras em *Low*, e no fim das contas as duas músicas acabaram ficando como estavam.) Musicalmente, ela é estruturada não em termos progressivos, mas cíclicos (tema principal repetido quatro vezes, ponte, tema menor repetido duas vezes, tema principal repetido quatro vezes, ponte etc.). "Station to Station" era uma série de fragmentos costurados e estendidos até o ponto de ruptura. Mas "Speed of Life" é um fragmento isolado — assim como a maioria das faixas do primeiro lado. (Eno relembra: "Ele chegou com vários fragmentos estranhos, longos e curtos, que já tinham forma e estrutura próprias. A ideia era trabalhar para dar uma base mais normal às canções. Eu disse a ele para não mudá-los, para deixá-los em seu estado bizarro, anormal.")

Assim como "Station to Station", "Speed of Life" começa com um fade-in. Mas enquanto em "Station to Station" um trem surge lentamente no horizonte, o fade-in em "Speed of Life" é abrupto, como se você tivesse chegado tarde demais e a banda já estivesse tocando. O álbum já começou sem você! E essa sensação nunca dá trégua ao longo da faixa, prosseguindo de maneira frenética até o fim. Parece um dos temas instrumentais de *Another Green World*, de Eno, só que regravado por uma pessoa na fase maníaca do transtorno bipolar.

A primeira coisa que se percebe é a estrondosa pancada da bateria, como um punho batendo no alto-falante. "Quando *Low* foi lançado, pensei que era o som do futuro", lembrou o baterista do Joy Division/New Order, Stephen Morris. "Quando gravamos o LP *Ideal for Living*, lembro que não parávamos de pedir ao engenheiro de som que fizesse a bateria soar como em 'Speed of Life' — e, estranhamente, ele não conseguia." Foi um truque que Visconti usou com o Eventide Harmonizer. Ele enviou o som da caixa da bateria para o dispositivo, que diminuiu a altura e em seguida o enviou de volta para o baterista. Era tudo feito ao vivo, então Dennis Davis ouvia a distorção enquanto tocava, e respondia de acordo. Visconti adicionou ambas ao mix final para obter o som característico de *Low* — que é não apenas a batida seca, mas também um eco descendente. Visconti: "Quando o álbum saiu, o Harmonizer ainda não estava amplamente disponível. Produtores me ligavam o tempo inteiro, perguntando como eu tinha feito aquilo, mas eu não dizia. Em vez disso, perguntava a eles o que achavam que eu tinha feito, e recebi algumas respostas muito inspiradoras. Um produtor insistiu que eu tinha comprimido os canais da bateria três vezes diferentes e diminuído a velocidade da fita a cada vez, ou algo do tipo." A bateria com tratamento pesado e o baixo em primeiro plano eram outra inversão — em vez de gravar baixo e bateria e fazer o trabalho criativo em cima dessa base, Visconti e Bowie estavam focando o ritmo, o cerne da música popular, de outra forma. O som em si tornou-se mais tarde um clichê pós-punk, quando os produtores finalmente descobriram como criá-lo, mas na época era uma inovação radical.

Em termos sonoros, o primeiro lado de *Low* é sobre coisas que se opõem — o sintético contra o orgânico, o ruído contra a música, o abrasivo contra o melódico. E já está tudo lá em "Speed of Life". Os primeiros sons são o fade-in de um ruído sintetizado áspero, descendente e dissonante — vagamente reminiscente daquele usado em "Mass Production" —, que então é tocado por cima da vertiginosa guitarra e dos arpejos ARP que compõem o tema principal (na verdade, reciclado a partir da introdução de "The Laughing Gnome", uma canção dos primeiros tempos de Bowie que não chegou a fazer sucesso). Tudo nesta faixa é descendente: bateria tratada, guitarra principal, sintetizadores. E todos os diferentes elementos disputam entre si, chamando a atenção para si mesmos de maneira agressiva, como se numa orquestra composta apenas de solistas. Este é um álbum no qual as costuras se mostram: não se oculta a qualidade processada do som, que se recusa a ser coerente como em *Station to Station*. Basicamente, é uma abordagem mais artística do híbrido funk-krautrock desse álbum.

Justo quando você espera que a faixa se desenvolva em direção a outra coisa, ou que os vocais finalmente se materializem (como acontece após a extensa introdução de "Station to Station"), "Speed of Life" chega ao fim. Trata-se de desviar expectativas. Eno, mais uma vez, conta: "Acho que ele estava tentando evitar o *momentum* de uma carreira bem-sucedida. O principal problema do sucesso é que ele tem um enorme *momentum*. É como se houvesse um grande trem atrás de você e ele quisesse que você continuasse seguindo na mesma direção. Ninguém quer que você saia dos trilhos e comece a olhar para os lados, porque ninguém é capaz de ver nada promissor ali."

"Nunca vou tocar você"

Temos que esperar pela segunda faixa até que apareça um vocal de Bowie. "Breaking Glass" é outro fragmento, não chegando aos dois minutos, e provavelmente a canção mais curta que Bowie já gravou. Ela tem uma batida de funk-disco com tratamento pesado, o moog de Eno soprando do alto-falante direito para o esquerdo, e um riff ameaçador de Carlos Alomar — um dos poucos flertes, no álbum, com uma sensibilidade mais próxima do rock. Segundo Alomar, "Dennis Davis teve muito a ver com isso. David queria uma música que fosse muito mais leve e muito mais boba, e 'Breaking Glass' era definitivamente isso. Se você deixar um buraco aberto na música, irá obter uma linha de assinatura na guitarra para a introdução, o que eu de fato fiz. Para o resto da canção, eu queria imitar um berimbau de boca, apenas um zunido. Estávamos só nos divertindo. Se você ouvir todas as particularidades da música — o jogo de pergunta e resposta entre baixo, guitarra e bateria —, aquilo foi feito com apenas três membros da banda".

Da última vez que tínhamos ouvido Bowie cantar em disco, na última faixa de *Station to Station*, ele oferecia uma leitura seriamente histriônica de "Wild Is the Wind", de Tiomkin/Washington. Seu canto neurótico em *Station to Station* — que devia muito a Scott Walker — exacerbava o drama em alguns graus, intensificando a atmosfera estranhamente tensa do álbum. Em completo contraste, Bowie surge de maneira insípida e monótona em "Breaking Glass". A alienação ainda aparece bastante em primeiro plano, mas já não é romanticamente exagerada. É introvertida e autista. (Uma das coisas curiosas sobre o álbum é como ele renuncia àqueles que parecem ser os pontos fortes de Bowie: sua voz e suas letras.) A interpretação fria de Iggy Pop em *The Idiot* é provavelmente uma influência, mas em todo caso Bowie escapa ao vocal de estilo exagerado que até então caracterizava seu trabalho.

A letra também é um fragmento. Não há verso ou refrão, apenas algumas linhas cantadas de maneira simplória, com uma ênfase estranhamente aleatória em certas palavras ("Baby, I've BEEN breaking glass in your ROOM again/ Don't look at the CARPET, I drew something AWFUL-ON-IT" — "Querida, ESTOU quebrando vidro no seu QUARTO de novo/ Não olhe para o CARPETE, desenhei uma coisa HORRÍVEL NELE"). E não há imagens barrocas nem dardos arremessados nos olhos dos amantes. Alomar não está errado ao dizer que "Breaking Glass" é a canção leve e boba do álbum, porque há algo de cômico em sua letra, algo da criança que sabe que não tem se comportado bem. Mas há nela também algo assustadoramente psicopata, e a tensão entre uma coisa e outra é o que faz com que funcione.

Em "What in the World" e "Sound and Vision", o quarto é o lugar para o qual nos retiramos, a fim de deixar o mundo do lado de fora. Mas o quarto em "Breaking Glass" é um lugar muito mais escuro. É o local do ritual ocultista. O título da canção é muito provavelmente uma alusão ocultista, e desenhar "uma coisa horrível" no carpete decerto o é. "Bem, é uma imagem elaborada, de fato", disse Bowie em 2001. "Refere-se tanto aos desenhos cabalísticos da 'Árvore da Vida' quanto à conjuração de espíritos." Os versos de uma só palavra, "Listen" [ouça] e "See" [veja], são também estranhamente encantadores (bem como "Sound and Vision", com seu tom de presságio). Será que Bowie está falando sobre a vida de perdição e fetiches que levou em Los Angeles? Ou as obsessões mágicas ainda estão presentes? Provavelmente, um pouco das duas coisas. Embora Los Angeles tenha marcado o ápice de sua psicose de cocaína e fixações ocultistas, essas obsessões persistiram, e ainda levaria anos até que conseguisse se livrar inteiramente delas. Ao longo de 1977 e 1978, as cartas que Bowie enviava a amigos e colegas eram marcadas com números especiais, aos quais ele atribuía significados ocultos. Enquanto gravava *Low*, ele se recusou a dormir no quarto principal do Château, alegando estar assombrado. (E parece que ele conseguiu convencer os outros disso. Visconti conta: "Todas as noites, a conversa parecia girar em torno dos fantasmas que assombravam o lugar.") A paranoia era um problema constante em suas relações de trabalho, a ponto de até mesmo colaboradores próximos como Visconti terem ficado sob suspeita. As alucinações também persistiam. "Nos primeiros dois ou três anos que se seguiram, enquanto vivia em Berlim, havia dias em que eu via as coisas se moverem na sala", lembrou Bowie mais tarde, "e isso foi quando eu já estava totalmente careta".

A letra parece ter sido composta no estilo recortado de Burroughs, em que Bowie pegava frases esparsas e as reorganizava de maneira desorientadora, tentando quebrar o sentido para que novos significados emergissem — ou cancelassem um ao outro. "Don't look" [não olhe] é seguido por "See" [veja]; e "You're such a wonderful person" [você é uma pessoa tão maravilhosa] é seguido de "But you got problems, I'll never touch you" [mas você tem problemas, nunca vou tocar você]. A letra é como um fragmento de conversa em que um psicótico que acabou de destruir o quarto da namorada lhe diz que *ela* é que é a louca. É um mundo solipsista, no qual a psicose é projetada sobre o outro. As letras e a entonação não mostram afeto, angústia ou autoconsciência; estamos vendo a psicose de dentro.

Acho que esse solipsismo é uma das chaves psicológicas do álbum. Tudo se torna um reflexo do eu, até que você perde de vista o lugar onde o eu termina e o mundo começa. As faixas instrumentais do segundo lado são poemas tonais que aparentemente versam sobre lugares — Varsóvia e Berlim. Mas na verdade são paisagens interiores, que extrapolam o eu. E toda essa dialética de objetividade e subjetividade influencia os pintores expressionistas alemães dos movimentos Die Brücke e Neue Sachlichkeit, que tanto entusiasmavam Bowie por volta dessa época. Certa vez ele disse que os artistas do Die Brücke davam-lhe a sensação de que estavam "descrevendo alguma coisa no momento em que esta coisa desaparece". Seria apropriado aplicar isso à maioria das faixas na primeira metade de *Low*. Assim como "Speed of Life", "Breaking Glass" chega ao fim justamente quando o riff começa a ser assimilado. Bem no momento em que você acha que ela pode conduzir a algum lugar, está tudo acabado. Segundo Visconti, Bowie "não conseguia escrever nenhuma letra quando estava fazendo a música, e é por isso que tudo parece desaparecer". Era o caso de fazer de um fracasso uma virtude.

Por meio das alusões ocultistas, "Breaking Glass" relaciona-se tematicamente a *Station to Station*. E os dois álbuns, *Station to Station* e *Low*, são como os sintomas positivos e negativos da esquizofrenia. *Station to Station* é uma mitologia esquisita no estilo de Crowley, com namoradas que desaparecem dentro da televisão e conversam com Deus — é um guisado logorreico de exagero, histeria e delírio. *Low* é o outro lado da psicose. É um mundo autista de retiro e isolamento, pensamento fragmentário e oscilações de humor, alogia e achatamento afetivo ... "Nunca vou tocar você".

Je est un autre

Mas seria muito simplista sugerir que Bowie fez um álbum esquizofrênico porque era esquizofrênico. As conexões são um pouco mais interessantes do que isso. Bowie certamente se drogou até um ponto em que o comportamento de tipo esquizofrênico emergiu, mas mesmo em seus piores momentos nunca saiu totalmente de órbita, como testemunham seu profissionalismo e seu volume de trabalho. A história de sua dependência em drogas recai em parte num clichê. Afinal de contas, Bowie não era o único astro do rock em Los Angeles em meados dos anos 1970 usando cocaína sem parar. Cada era tem a sua droga, que traduz seu mito — em meados dos anos 1960, o LSD refletia um ingênuo otimismo quanto à possibilidade de mudança; e, em meados dos anos 1970, a cocaína ecoava o niilismo grandioso da Los Angeles pós-Manson. E Bowie caiu nessa armadilha.

Acima e além de tudo isso, Bowie há muito mantinha uma relação de fascínio e horror com a loucura, o que influenciara a maior parte de seu trabalho até então, particularmente *The Man Who Sold the World*. Em meados da década de 1970, ele falava com frequência sobre a propensão à loucura em sua família e sobre seu medo de tê-la herdado. Seu meio-irmão, Terry Burns, era de fato esquizofrênico. Terry era nove anos mais velho, e um exemplo em que Bowie claramente se espelhava enquanto estava crescendo. "Foi Terry quem começou tudo para mim", disse ele; eram "extremamente próximos". Terry também tinha inclinações artísticas (assim como muitos esquizofrênicos), e atuou como mentor de Bowie, apresentando-o ao jazz e ao rock, sugerindo livros para ler — entre os quais Burroughs e Kerouac, com sua mensagem beat de iluminação através do excesso. O interesse de Bowie pelo budismo, que talvez possa ser sentido em *Low*, também foi inicialmente desencadeado pelo irmão. A esquizofrenia de Terry se desenvolveu em meados dos anos 1960, e dali em diante ele passou a maior parte da vida internado. Bowie visitou-o no hospital psiquiátrico de Cane Hill em 1982; a partir de então Terry desenvolveu uma fixação por ele, convencido de que Bowie retornaria para resgatá-lo. Eles não voltaram a se encontrar, e Terry cometeu suicídio em 1985. "All the Madmen", de 1970, e o single "Jump They Say", de 1993, são ambos sobre Terry, assim como "The Bewlay Brothers" (1971), muito provavelmente.

O interesse de Bowie pela esquizofrenia vai além do fato de seu meio-irmão ter manifestado a doença. Por volta dessa época, Bowie estava entusiasmado com a leitura de *The Origin of Consciousness in the Breakdown of the Bicameral Mind*, de Julian Jaynes, que postula a natureza esquizofrênica essencial do homem pré-histórico e o impulso religioso do homem como resultado direto dessa natureza. Bowie possuía também um permanente interesse na "arte outsider" — arte produzida por portadores de doença mental (daí o título da colaboração Bowie-Eno dos anos 1990, *Outside*). Enquanto trabalhava na trilogia de Berlim, ele e Eno visitaram Gugging, na Áustria, um misto de hospital psiquiátrico e ateliê de arte que encorajava os pacientes a pintar. O que Bowie descobriu na experiência foi a falta de autoconsciência dos artistas. "Nenhum deles sabia que era artista", disse ao jornalista Tim de Lisle, em 1995. "É comovente, e às vezes muito assustador, ver essa honestidade. Não há constrangimento."

De um ponto de vista subliminar, a questão parece ser sobre recuperar a inocência perdida por meio de novas formas de expressão, livres das convenções da sociedade "normal". O entusiasmo de Bowie pela arte outsider lembra a apropriação da arte primitiva por modernistas do início do século XX, como Picasso. E para mim há algo claramente modernista no mundo esquizofrênico — na alienação, na frieza, na fragmentação, na primazia da forma sobre o conteúdo, na hipersubjetividade. Há claras semelhanças entre o jogo de palavras e a desconexão da literatura modernista e o discurso esquizofrênico (o psiquiatra de Lucia, a filha esquizofrênica de James Joyce, teria dito a ele que a diferença entre os dois era que "você mergulhou no fundo da piscina; ela afundou"). Esse jogo de palavras está em todas as canções do esquizofrênico Syd Barrett — uma influência significativa sobre Bowie —, atingindo seu ápice na assombrosa "Word Song", que é literalmente apenas um amontoado de palavras aliterativas. A escrita recortada de Bowie, inspirada em William S. Burroughs (mais um esquizofrênico), muitas vezes tem uma atmosfera similar, em que as letras se tornam um jogo de associação e aliteração até o ponto da abstração.

A esquizofrenia estende a personalidade em ambas as direções. O esquizofrênico é uma pessoa tanto para menos quanto para mais. Os sintomas negativos o enviam para um limbo cinzento de desconexão autista; os sintomas positivos superestimulam a imaginação, levando a uma confusão entre mito e realidade. Uma vez que arte é mito e performance é exagero, não é difícil traçar os paralelos. O mundo das estrelas de rock, em especial, é um mundo de mitos e fantasias, no qual comportamentos geralmente tidos como estranhos podem ser tranquilamente considerados simples traços de personalidade. Não existem os mesmos freios sociais encontrados no mundo "real". Isso valia ainda mais para Bowie, cuja estratégia consistia em vender personagens que eram fantasias de si mesmo. Mas a performance como terapia pode ser perigosa. Personagens inventados podem assumir vida própria; máscaras e faces formam um borrão. As estratégias usadas para evitar a loucura podem ser, em última instância, aquelas que a carregam — podendo nos transformar na coisa de que fugimos.

Uma menininha de olhos cinzentos

Voltemos a *Low*, agora à sua terceira faixa, "What in the World" — segundo Laurent Thibault, uma remanescente das sessões de *The Idiot*. Com 2:23 de duração, ela é apenas ligeiramente mais longa que "Breaking Glass". De certa forma, é um composto das duas faixas que a precedem. Em termos sonoros, a ameaça rock de "Breaking Glass" é substituída pelo frenesi condensado e sintético de "Speed of Life", ao passo que liricamente a canção joga o mesmo jogo de projetar a alienação sobre o outro. Caso se trate de mais um fragmento sem qualquer estrutura real de verso/refrão, ele soa um pouco mais redondo que "Breaking Glass", menos circular que "Speed of Life".

Estamos de volta ao estrondo da bateria (desta vez com um sabor disco ainda mais pronunciado), enquanto, em termos de textura, há um ruído borbulhante gerado por sintetizador que soa como se algo estivesse a ponto de ferver. A guitarra rítmica de Carlos Alomar tem uma atmosfera suave e jazzística, em dissonância com a guitarra principal de Ricky Gardiner, áspera e neurótica. Gardiner soa aqui assustadoramente como Robert Fripp, embora Fripp não tenha estado presente nas sessões de *Low*, de acordo com Bowie. No entanto, essa linha de guitarra confusa e embriagada (característica de Fripp) é marca registrada dos álbuns de Bowie — de *Low* a *Scary Monsters*.

Tudo soa acelerado — há uma qualidade maníaca na canção que lembra um episódio de euforia de transtorno bipolar. A voz de Bowie permanece fria e monótona, e se desmancha em um zunido perturbador, sem palavras, até o final. A letra é outro amontoado de recortes, com justaposições de imagens contraditórias e significados perdidos no oculto e no não dito. É dirigida a outra garota com "problemas": ela é um reflexo do protagonista — introvertida ("deep in your room, you never leave your room" [enfiada no quarto, você nunca sai do quarto]), silenciosa ("never mind, say something" [não importa, diga algo]), fria ("love won't make you cry" [o amor não vai fazer você chorar]). Está presente a desconexão da canção anterior, tanto do suposto interlocutor ("I'm just a little bit afraid of you" [eu só estou com um pouco de medo de você]) quanto do eu ("what you gonna say to the real me" [o que você vai dizer para o verdadeiro eu]).

Bowie disse que, nesse período, "não tinha mais força física e emocional e nutria sérias dúvidas quanto à minha sanidade", mas, "no geral, tenho uma sensação real de otimismo em meio aos véus de desespero de *Low*. Posso me ouvir realmente lutando para ficar bem". E talvez seja possível captar vislumbres dessa luta em "What in the World". Se é impossível tomar um verso como "I'm in the mood for your love" [estou com disposição para o seu amor] por seu valor aparente — é um enorme clichê do rock, sobretudo quando Bowie o entoa com uma ironia típica desse gênero musical —, pode haver algo mais confuso e sincero em "something deep inside of me, yearning deep inside of me, talking through the gloom" [algo bem fundo dentro de mim, ansiando bem fundo dentro de mim, falando através da escuridão].

Nada a fazer, nada a dizer

Em retrospecto, parece estranho que um álbum como *Low* possa ter gerado singles, mas houve dois, um dos quais teve sucesso considerável no Reino Unido, alcançando o terceiro lugar nas paradas (embora não tenha causado muita impressão do outro lado do Atlântico). Com pouco mais de três minutos, "Sound and Vision" ao menos tem a duração perfeita para um single, e é também a canção do disco que mais flerta com uma sonoridade pop. No entanto, as semelhanças com um hit pop convencional da época param por aí. Para início de conversa, a introdução é na verdade mais longa do que o corpo da música. Esta é quase como um tema instrumental, com um fragmento de letra acrescentado ao fim, funcionando como uma reflexão tardia. "Sound and Vision" foi a primeira canção que Bowie escreveu no Château tendo Brian Eno em mente, e essa contenção dos vocais foi ideia de Eno, a fim de criar tensão. Ela também nos leva de volta à contenção em termos de letra, após a loquacidade (pelos padrões de *Low*) de "What in the World".

Por sobre a bateria tratada com o Harmonizer pode-se ouvir uma espécie de sibilo (na verdade, uma caixa com reverb fechado) estranhamente acompanhado de um riff de guitarra animado, dissonante, e algumas linhas melódicas sintetizadas que chegam quase a ser grosseiras. Os vocais "doo-doo", de Eno e da então esposa de Visconti, Mary Hopkin (do hit "Those Were the Days"), enfatizam o caráter irônico da faixa, aproximando-a de um pastiche: "Eu estava na França quando eles estavam gravando *Low* e Brian Eno estava lá criando todas as bases para que David pudesse escrever canções a partir delas", Mary Hopkin lembrou mais tarde. "Brian me pediu que gravasse alguns vocais de apoio com ele, apenas uma pequena frase. Ele me prometeu que isso entraria no mix final, cheio de efeitos de eco, mas quando David ouviu, ele aumentou o volume na hora, e os vocais acabaram ficando bastante proeminentes, para nossa imensa vergonha, porque era uma frase tão banal!" Em termos sonoros, o efeito é o de uma música pop entre aspas, pois não dá para saber direito se ela faz parte do gênero ou se apenas o referencia.

Os vocais de apoio e os instrumentos foram "todos gravados antes mesmo que houvesse letra, título ou melodia", diz Visconti. E a letra, quando finalmente apareceu, jogava contra a mistura distorcida, porém alegre, com que Eno tinha sonhado. "Sound and Vision" era "a suprema canção de refúgio", segundo Bowie. "Era apenas a ideia de sair dos Estados Unidos, daqueles tempos deprimentes que eu estava vivendo. Eu estava passando por uma época terrível. Queria ser colocado numa salinha fria, com as paredes pintadas de um azul onipotente e persianas nas janelas." A canção está no centro literal e temático do primeiro lado. Não tendo conseguido se conectar com outras mulheres em "Breaking Glass" e "What in the World", a letra aqui é dirigida apenas ao eu, "drifting into my solitude" [resvalando em minha solidão], num presságio da silenciosa guinada interior do segundo lado.

As transformações de Bowie na década de 1970 foram estágios progressivos de fuga. *Ziggy Stardust* era um tipo muito inglês de representação à la Houdini, libertando-se das severas amarras da vida da classe média baixa; dos subúrbios; da Inglaterra; e, acima de tudo, do eu. A imagem-chave de *Low*, o quarto como refúgio, simboliza esse outro tipo de fuga, para o interior — como o "astronauta do espaço interior" de Thomas Jerome Newton —, e lembra as palavras de Dostoiévski, segundo quem "A vida está dentro de nós, e não no exterior". A viagem neurótica ("I've lived all over the world, I've left every place" [vivi no mundo todo, deixei cada lugar]) cede espaço à desolação da imobilidade.

"That's the colour of my room, where I will live" [essa é a cor do meu quarto, onde eu vou viver]: trata-se de um quarto em uma cidade nova, Berlim, para a qual Bowie se mudaria perto do final das sessões de *Low*. Não uma mansão com piscina, mas um apartamento no primeiro andar de um prédio ligeiramente deteriorado, em uma área de imigrantes de uma cidade de fantasmas. Depois da festança de glam rock, das constantes reinvenções, do teatro espalhafatoso de Ziggy Stardust e do mirrado duque branco, era um tanto surpreendente que Bowie fosse capaz de dar uma guinada e fazer um álbum tão vazio e particular, com letras tão simples e esparsas, com "nothing to do, nothing to say" [nada a fazer, nada a dizer]. Um álbum de espera, de aparente niilismo. Esse choque e essa surpresa são bastante evidentes nas resenhas musicais da época (que agora parecem elas próprias bastante histéricas). No *NME*, por exemplo, Charles Shaar Murray disse que o álbum era "tão negativo que sequer contém vazio ou vacuidade", e que era também "a glorificação da futilidade e do desejo de morte, um elaborado trabalho de embalsamamento para o túmulo de um suicida".

Dizer isso é ignorar o fato de que sempre houve uma forte dose de niilismo na maior parte dos trabalhos de Bowie — seja em seu modo nietzschiano (*The Man Who Sold the World*), seja nos romances góticos sobre messias do rock condenados e distopias orwellianas. O hedonismo em face da desgraça iminente é um tema constante, atingindo seu pico elegíaco na faixa-título de *Aladdin Sane*. Mesmo o predominantemente eufórico *Young Americans* tem um subtexto niilista; o álbum é feito de "restos esmagados de música étnica tal como ela sobrevive na era do rock Muzak, escritos e cantados por um inglês branco", Bowie disse a Cameron Crowe em 1976. Depois de todos aqueles jogos de astro do rock, talvez houvesse algo libertador em declarar o vazio essencial das coisas — uma declaração que pode ter relação com o entusiasmo de Bowie pelo budismo na década de 1960.

Isso não quer dizer que, para Bowie, esses jogos estivessem totalmente ultrapassados. Ao longo do álbum, ironia e sinceridade são confundidas e misturadas. Uma canção assustadora como "Breaking Glass" tem contornos divertidos; "Sound and Vision" é tanto um pastiche pop como um retrato existencial; e não temos muita certeza se devemos levar ou não a sério as súplicas angustiadas de "Be My Wife". Para ser mais específico, não temos certeza se o próprio Bowie tem certeza. Ele é um narrador não confiável, operando um eterno equilíbrio entre sinceridade e ironia, mesmo em meio a uma crise pessoal. Sua angústia é ao mesmo tempo genuína e uma pose. Afinal de contas, "Bowie em Berlim" — levando-se em conta o estúdio junto ao Muro, as escapadas com o parceiro de crime Iggy Pop, as pinturas expressionistas, a vida de decadência e diletantismo no estilo Isherwood, tudo isso provavelmente compõe o seu mito mais duradouro, batendo facilmente Major Tom, Ziggy Stardust e todos os demais. Se Berlim era genuinamente um santuário após seus anos de loucura no Novo Mundo, não era menos uma fantasia, algo que ele próprio entendia bem o bastante: "Pensei em pegar o cenário, jogar fora e ir viver no mundo real."

Voltas e voltas

As duas faixas seguintes, a ballardiana "Always Crashing in the Same Car" e "Be My Wife", sinalizam uma ligeira mudança em termos de forma e humor. Ambas acenam para uma estrutura mais convencional — "Be My Wife" tem até mesmo uma espécie de coro. "Always Crashing in the Same Car" tem um solo de guitarra metal (embora fortemente tratado), e até mesmo um final mais elaborado, em vez de um fade-out. Ambas têm um senso maior de narrativa — por mais elíptica e impressionista que seja. E ambas se movem para um território mais autoconsciente e introspectivo, após as manifestações de autismo das três faixas anteriores.

A base rítmica de "Always Crashing in the Same Car" foi estabelecida no Château, mas a canção foi uma das últimas a ser concluídas nos estúdios Hansa, em Berlim, em novembro de 1976. "David passou um bom tempo escrevendo melodia e letra", relatou Visconti em 2001, "e até gravou um verso com uma voz no estilo de Dylan. Mas ficou assustador demais (e não engraçado, como pretendíamos), então ele me pediu que apagasse e nós começamos de novo (naqueles dias as faixas eram limitadas, já que computadores e códigos de sincronização de tempo, para conectar uma máquina a outra, ainda não eram usados)". A breve letra foi inspirada em um evento real. Certa noite, em um surto de psicose paranoica, Bowie vinha pelas ruas em seu Mercedes quando viu um traficante, e ele estava convencido de ter sido roubado pelo sujeito. Furioso, começou a bater repetidamente no carro do homem, antes de finalmente voltar para o hotel. Uma vez lá, viu-se dirigindo em círculos, maniacamente, na garagem subterrânea.

Bowie afirmou que Syd Barrett foi uma influência em "Be My Wife", mas a letra de "Always Crashing in the Same Car" também lembra alguns versos de *Madcap Laughs*, de Barrett, um álbum que Bowie elogiava com frequência e que já referenciara (os divertidos trechos de conversa em estúdio em "Andy Warhol", de *Hunky Dory*, imitam os de "The Madcap Laughs"). O verso "I was going round and round the hotel garage, must have been touching close to 94" [eu estava dando voltas e voltas na garagem do hotel, devia estar próximo dos 94], de Bowie, é muito próximo do "You're spinning around and around in a car with electric lights flashing very fast" [você está dando voltas e voltas em um carro com luzes elétricas piscando muito rápido], de Barrett ("No Good Trying"). Da mesma forma, "Jasmine, I saw you peeping, as I put my foot down to the floor" [Jasmine, eu vi você espiando, enquanto pisava no acelerador] tem algo da melancolia de "Dark Globe", de Barrett (uma canção que Bowie destacou como o ponto alto de *Madcap*): "Oh where are you now, pussy willow that smiled on this leaf, when I was alone, you promised a stone from your heart" [oh, onde está você agora, salgueirinho que sorriu nesta folha, quando eu estava sozinho, você prometeu uma pedra tirada do seu coração]. (E há também um "singing through the gloom" [cantando através da escuridão], tirado do poema "Golden Hair", de James Joyce, que Barrett musicou em *Madcap* e que lembra o "talking through the gloom", de Bowie.)

Syd Barrett foi uma das principais referências para o desenvolvimento artístico de Bowie. Ver o carismático Barrett se apresentar com o Pink Floyd no Marquee, em 1967, fez com que Bowie percebesse o que poderia vir a ser uma estrela de rock inglesa — e, claro, ele gravou em seguida "See Emily Play", de Barrett, em *Pin-Ups*. Há muito de Barrett no personagem de Ziggy Stardust (os Arnold Corns, banda que Bowie inicialmente formou para gravar as primeiras canções de Ziggy, foi assim batizada em homenagem a "Arnold Layne", de Barrett). Antes de *Ziggy Stardust* houve *Hunky Dory*, que, em sua atmosfera extravagante e sua sensação acústica, psicofolk, exibe traços do trabalho solo de Barrett pós-Pink Floyd. Assim como o primeiro lado de *Low*. Há um déficit de atenção semelhante, uma sensação de pressa; as canções — com suas estranhas reviravoltas harmônicas, incoerentes do ponto de vista musical aparentemente terminam no meio do caminho, como se o cantor tivesse perdido o interesse de repente. Há também o tom monocórdio do canto, a mistura lírica de justaposições peculiares e clichês ocasionais, e as oscilações súbitas de humor e mudanças musicais ("A New Career in a New Town"). Acima de tudo, temos a impressão de ver a mente esquizofrênica a partir de dentro, sem muita consciência da loucura, e com momentos ocasionais de autocomiseração introspectiva, como acontece em "Always Crashing in the Same Car".[2]

---

[2] Barrett também influenciou Eno. Acho que "Matilda Mother", de Barrett — com seu estilo de canto singularmente articulado e seus ruídos de sintetizador —, é uma espécie de modelo para os primeiros trabalhos solo de Eno. No momento em que *Low* foi produzido, Eno era de fato o dono do órgão Farfisa usado nessa faixa de Barrett; um Farfisa também é usado em *Low*, embora eu não saiba ao certo se é o mesmo.

Esta é uma canção sobre fracasso repetido transformado em pesadelo recorrente, com conotações suicidas. A imagem de bater o carro seguidamente e de maneira deliberada ("as I put my foot down to the floor" [enquanto pisava no acelerador]) lembra o "though I try to die you put me back on the line" [embora eu tente morrer, você me põe de volta na linha], de Iggy. A batida mais lenta, os sintetizadores vertiginosos de Eno e os tratamentos fantasmagóricos do teclado intensificam a sensação onírica. Se "Always Crashing in the Same Car" não apresenta o simbolismo do quarto das três canções anteriores, a visão de um carro correndo em uma garagem de hotel não deixa de refletir a imagem central do álbum, de espaços fechados que tanto sufocam quanto confortam. Em vez de viajar de A a B, um carro gira em torno de si mesmo — a única saída possível são, portanto, os desertos do interior.

Há algo kraftwerkiano e nostalgicamente retrô nos sons de teremim que Eno criou para a trilha. Eles lembram o futurismo sinalizado pelos sintetizadores na cultura popular dos anos 1950 e 1960 — em trilhas sonoras de filmes como *O planeta proibido* (1956), por exemplo, ou nos temas de *Jornada nas estrelas* ou *Doctor Who* (compostas no início dos anos 1960 com um ancestral do sintetizador EMS usado por Eno em *Low*). No pop da década de 1960, os sintetizadores eram usados para obter efeitos artificiais durante os anos psicodélicos de 1966-67; foram então amplamente cooptados por grupos de rock progressivo no início dos anos 1970, quando um som improvisado aleatoriamente no sintetizador muitas vezes representava nem tanto o futurismo das máquinas, mas fantasias de expansão da consciência e outras suspeitas noções hippies. Na época da revolução punk de 1976, porém, "aparatos eletrônicos eram considerados algo em que não se podia tocar", explica John Foxx, líder da formação original do Ultravox!, que também estava trabalhando com Eno na época e se movia em direções semelhantes às de Bowie e do Kraftwerk. "Era parecido demais com Pink Floyd, proibido por Johnny Lydon, declarado ruim."

Como o próprio Bowie admitiu, o punk "estava praticamente acabado no momento em que se alojou na minha consciência". De certa forma, ele conseguiu driblar o *Zeitgeist* ao nem sequer tomar conhecimento dele, canalizando em vez disso os temas e estratégias que se tornariam familiares na era pós-punk do final dos anos 1970 e início dos anos 1980. O afastamento de *Low* do romantismo norte-americano em direção ao europeu, seu foco nas subjetividades alienadas, no artificial e no urbano, sua mistura de imagens modernistas e pastiche pós-moderno, seu vanguardismo na apresentação de um som sintético — todos esses aspectos peculiares foram assimilados no todo ou em parte por bandas pós-punk, como Joy Division, Ultravox! e Human League, ou por grupos americanos, como Talking Heads e Devo.

Às vezes não chegamos a lugar algum

Há uma relação sonora entre "Be My Wife" e *Station to Station* no estilo *pub piano* animado, que também é usado em "TVC-15" (a quarta faixa do disco). "Be My Wife" é tão convencional quanto possível em *Low*, e foi o segundo single extraído do álbum. Ela tem versos e refrão e a instrumentação é bastante simples. Em essência, porém, não deixa de ser mais um pastiche confuso, aliando uma sensação de música ao vivo em bar cheio e animado com a batida agressiva da bateria de Dennis Davis, um zunido kitsch do órgão, uma letra direta demais para ser tomada por seu valor aparente e o sotaque *cockney* exagerado de Bowie, que lembra seus dias de aspirante a artista do entretenimento leve à la Anthony Newley. Bandas britpop como Blur e Pulp certamente têm uma dívida com esta canção, e, por sua vez, como Bowie comentou recentemente, "'Be My Wife' deve muito a Syd Barrett, na verdade". Sem dúvida, a capacidade de Barrett de integrar a extravagância inglesa e o *vaudeville* a um formato rock encontra aqui um eco, e esse tom inglês sublinha o fato de que *Low* é em grande medida o álbum pós-americano de Bowie.

A letra é a mais direta do álbum, e retoma o tema de *Station to Station* da viagem irrequieta como metáfora espiritual: "I've lived all over the world, I've left every place" [vivi no mundo todo, deixei cada lugar]. Mas sua simplicidade embotada é uma espécie de provocação. "Please be mine, share my life, stay with me, be my wife" [por favor, seja minha, compartilhe minha vida, fique comigo, seja minha esposa]. Poderia isso ser alguma outra coisa senão ironia? O fato é que o casamento de Bowie nesta época estava nos estágios finais da desintegração. Ele só veria a esposa mais um punhado de vezes, e logo tentaria obter a custódia legal do filho nos tribunais. Então, era um refrão estranho para se cantar. E ainda assim… a canção não chega exatamente a ser irônica. Ao menos uma parte da "sinceridade" é sincera, e a passividade do seu apelo — pedindo algo sem oferecer nada em troca — combina com o resto das letras do disco. "Be My Wife" termina de maneira pungente, com a primeira linha de um verso que nunca chega a ser completado. "Acho que ela tinha uma angústia genuína", disse Bowie certa vez sobre a música, antes de acrescentar: "Mas poderia ter sido qualquer um." Essa ambivalência atinge em cheio o cerne não só de "Be My Wife" e do primeiro lado de *Low*, mas de quase tudo que Bowie fez nos anos 1970. Ele sempre se localizara naquele espaço interessante, onde até mesmo o cantor não sabe muito bem o que fazer de seu material. *Young Americans* é uma celebração honesta do soul da Filadélfia ou uma maliciosa apropriação pós-moderna do mesmo? Certamente um pouco das duas coisas. (Eno comentou sobre a cerimônia de casamento de Bowie em 1992, em Florença: "Não dava para saber o que era de verdade e o que era teatro. Foi muito comovente.")

"Be My Wife" foi lançada como single em junho de 1977, mas, ao contrário de "Sound and Vision", não conseguiu chegar às paradas de sucesso de nenhum dos lados do Atlântico. Bowie, entretanto, teve o trabalho de gravar um vídeo para ela, com direção de Stanley Dorfman, e trata-se sem dúvida de um de seus maiores esforços. Um Bowie fortemente produzido faz poses artificiais com uma guitarra desconectada, ilustrando as ambivalências da canção com uma serenidade inquietante. "Acho que o que há nele de realmente incomum é o desinteresse, a falta de jeito", diz o jornalista e compositor Momus (também conhecido como Nick Currie). "É basicamente um vídeo de rock com a atuação de um pierrô, um esboço de pantomima de um astro do rock fazendo um vídeo de rock, embora seja comicamente sombrio e mal-humorado demais para cumprir os requisitos necessários e careça de entusiasmo. Noventa e nove por cento dos vídeos de rock têm uma convicção extrema. Mas aqui Bowie exprime com grande habilidade teatral, através de mímicas, um desânimo assistemático. O personagem (porque não se trata realmente de Bowie, mas de um camarada, um saco de ossos triste, um tipo melancólico de lábios finos) começa a tocar sua guitarra e desiste no meio da frase. Ele simplesmente não pode ser incomodado. Ele é estranho, mas a estranheza é representada de forma muito graciosa. Há algo de Buster Keaton na interpretação, a graça com que a falta de jeito é evocada." (Keaton recebe uma pequena homenagem em um vídeo muito mais tardio de Bowie, 'Miracle Goodnight'.)

Seguindo em frente

Dois temas instrumentais, "Speed of Life" e "A New Career in a New Town", completam o primeiro lado — embora de certa forma sejam mais canções sem palavras do que instrumentais de verdade. "A New Career in a New Town" não tem palavras além do título, que evoca perfeitamente a sensação de se mudar sozinho para uma nova cidade, com o misto de ansiedade, solidão, expectativa, otimismo forçado e a impressão de estar olhando ao mesmo tempo para o futuro e para o passado. A canção foi gravada no Château, mas o título sem dúvida veio mais tarde, após a mudança de Bowie para Berlim.

A trilha começa com uma breve, frágil passagem eletrônica, reminiscente dos interlúdios texturais de *Radio-Activity*, embora um pouco mais excêntrica. Um bumbo abafado repercute uma batida delicada, que transmite uma sensação proto-house interessante. Isso contrasta com a agressiva caixa que chega abruptamente aos trinta seis segundos, com um outro tema, completamente diferente, acompanhado pela gaita blues de Bowie, e outra melodia de bar no estilo de "Be My Wife", sob uma camada de teclados tratados. Mais uma vez, não há nenhuma ponte que nos leve de volta ao fragmento kraftwerkiano do início, que ressurge de repente no minuto 1:22, antes de nos levar de volta mais uma vez ao blues/honky-tonk do segundo tema em 1:36. Se "Speed of Life" estabelece uma agenda musical de disputa de instrumentos, "A New Career in A New Town" a leva ao extremo, juntando, literalmente, dois fragmentos não só bastante distintos, mas pertencentes a dois gêneros diferentes também. Em última análise, acaba funcionando, com ambas as partes ansiando por algo, cada uma à sua maneira.

A trilha é de fato o equivalente sonoro de um recorte de Burroughs, justapondo eletrônica sofisticada com piano e harmônica tradicionais para refletir essa sensação de estar sempre chegando e partindo. Acho curioso que essas técnicas experimentais muitas vezes funcionem melhor quando transpostas para a cultura popular, necessariamente anos e décadas e eras após terem sido utilizadas pela primeira vez na vanguarda do alto modernismo. O método de recorte de Burroughs, tal como ele o aplicou, é filosoficamente envolvente, mas não resulta em grande leitura (sem dúvida, seus melhores esforços são suas obras autobiográficas mais convencionais, *Junky* e *Queer*). Talvez algo semelhante possa ser dito sobre a eletrônica de Stockhausen ou os loops de fita de Cage. Mas ideias modernistas, agora já muito gastas, quando apropriadas por gente como Bowie ou Eno, podem resultar em obras culturalmente vitais ou mais ainda. Como Lázaro, o modernismo parecia injetar-se na cultura popular anos após sua morte, atingindo as altas esferas da arte, da literatura e da música. De certa forma, a música popular desenvolvida nos anos 1950 e 1960 vira o paradigma cultural de cabeça para baixo. Com o pop, o pós-modernismo sempre vinha antes do modernismo. A cultura pop não precisava de um Andy Warhol para torná-la pós-moderna. O rock-and-roll nunca foi nada além de um blues falsificado — algo que o Bowie da fase glam havia entendido perfeitamente. (Eno diz: "Algumas pessoas dizem que Bowie é superficial no estilo e que suas ideias são de segunda mão, mas isso para mim soa como uma definição de pop.")

Honky Château

As sessões no Château d'Hérouville não correram bem. A maioria dos funcionários estava de férias, e o serviço era ruim. "Passados três dias, notei que o som estava ficando cada vez mais abafado", lembrou Visconti, "e perguntei a meu assistente, um inglês encantador, quando fora a última vez que o gravador multipista tinha sido alinhado. Ele disse que cerca de uma semana antes de chegarmos, quando então o técnico saiu de férias. Meu assistente era novo, fora contratado apenas porque falava inglês e francês. Ele não sabia como fazer a manutenção dos aparelhos. Então, todas as manhãs, eu ia para a sala de controle com ele e alinhávamos o aparelho juntos, com o manual aberto, torcendo pelo melhor".

A comida parecia ser outro problema — ainda mais com as obsessões de Bowie sobre intoxicação alimentar. O estafe era reduzido, e nos primeiros dias havia pouco que comer além de coelho, e nenhuma verdura. Quando os músicos se queixaram, seis pés de alface foram colocados na mesa, com azeite e vinagre, e mais coelho. Visconti mais uma vez narra: "Uma francesa foi contratada para ser nossa assistente. Ela deveria nos fornecer qualquer coisa de que precisássemos para o bom andamento das gravações, mas não se dispunha a ir ao estúdio nos levar pão, queijo e vinho quando a chamávamos à uma hora da manhã (horário normal de trabalho num estúdio de rock). Lembro-me de David tirando o dono do estúdio da cama àquela hora e dizendo em palavras precisas e medidas: "Queremos um pouco de pão, um pouco de queijo e um pouco de vinho no estúdio. Agora! O que foi, estava dormindo? Peço desculpas, mas pensei que estava administrando um estúdio." No fim das contas, Bowie e Visconti acabaram tendo diarreia, o que precipitou a mudança para os estúdios Hansa, de Berlim, para finalizar o álbum.

Bowie e Visconti puseram na cabeça que o castelo era assombrado. Bowie recusou-se a dormir na suíte principal, uma vez que "parecia incrivelmente fria em certas áreas", e tinha um canto escuro perto de uma janela que parecia sugar a luz. Visconti ficou com o quarto, que "parecia assombrado pra caralho". Até mesmo Eno (um sujeito mais sereno, pode-se imaginar) teria dito que era acordado cedo todas as manhãs por alguém balançando seu ombro, só que quando ele abria os olhos não havia ninguém no quarto. Os clichês de castelo assombrado e as obsessões sobrenaturais de Bowie estavam claramente afetando também os outros.

Bowie não estava em boa forma. Ele podia estar "se esforçando para melhorar", mas ainda era cedo. Além dos problemas de saúde mental decorrentes das drogas, ele também estava rompendo com a esposa e travando uma batalha nos tribunais com o ex-empresário Michael Lippman. Visconti relembra: "Houve períodos muito raros em que ele estava animado. Esses momentos eram definitivamente capturados em fita, ele entrava e gravava uma faixa de apoio, mas isso em geral era seguido por longos períodos de depressão." Houve cenas feias também quando Roy Martin, um ex-amigo e agora amante de Angie, apareceu, o que resultou em uma briga de socos na sala de jantar; Visconti teve que separar os dois homens. Não levou muito tempo para a paranoia de Bowie surgir: "Ele até ficou um pouco desconfiado de mim em certa altura", lembrou Visconti, "embora não tivesse motivo para isso, porque eu era uma das pessoas que o mantinham são naquele álbum, e tinha ficado muito próximo dele por esse motivo. Eu estava com ele noite e dia apenas tentando manter sua cabeça fora d'água, porque ele estava realmente afundando — ele estava muito deprimido".

No meio das sessões, Bowie foi a Paris para uma audiência do processo que movia contra Michael Lippman, e retornou num estado comatoso, pálido e incapaz de trabalhar por vários dias. Eno conta: "Ele estava no limite do sistema nervoso, muito tenso. Mas, como muitas vezes acontece, isso se traduziu em um senso de abandono total ao trabalho. Uma das coisas que acontece quando você está passando por situações traumáticas de vida é que seu trabalho se torna um dos únicos lugares para onde você pode escapar e assumir o controle. Acho que é nesse sentido que as almas 'torturadas' por vezes produzem grandes trabalhos."

E esse parecia ser o caso de *Low*. Por pior que parecesse a situação externa, o trabalho ainda assim se materializava. Segundo Visconti: "Não foi um álbum difícil de fazer, estávamos livres de regras, fazíamos nossas próprias regras." O próprio Château "não teve influência na tonalidade da obra", de acordo com Bowie. Ele na verdade achava o estúdio um local de trabalho alegre, com sua sensação de decrepitude, de vida vivida. E, apesar de todas as pressões externas, Bowie, Visconti e Eno funcionavam bem em equipe. Entrevistado na época, o guitarrista Ricky Gardiner também estava entusiasmado com o projeto: "As sessões estão indo muito bem. Tive uma liberdade surpreendente. Eu perguntava que tipo de coisa ele queria, por exemplo, e então discutíamos vagamente sobre a questão por dois ou três minutos. Tudo que eu fazia parecia se encaixar, e isso aconteceu com todos os outros músicos."

Cidade de fantasmas

No final de setembro de 1976, com a maioria das faixas prontas, Bowie partiu para Berlim, onde o álbum seria finalizado e mixado. Foi um movimento que já vinha sendo pensado há muito tempo, e Bowie acabaria ficando na cidade por mais de dois anos. No início, ele se instalou numa suíte do Hotel Gehrus, num antigo castelo não muito longe da floresta de Grunewald, mas logo se mudou para um apartamento residencial do século XIX, na Hauptstrasse, 155, no distrito de Schoneburg, em cima de uma loja de autopeças. Embora menos imponente que os castelos franceses e alemães, a construção tinha uma grandiosidade decadente, com portões de ferro forjado que levavam até a rua. O apartamento de Bowie, no primeiro andar e com sete cômodos, estava em mau estado de conservação, mas lembrava o discreto charme da *haute bourgeoisie* de uma outra era, com piso *parquet*, pé-direito alto, cornijas decorativas e portas de madeira entalhadas. Havia quartos para Iggy Pop (mas ele logo se mudaria para um apartamento próprio, no quarto andar), Corinne Schwab e o filho e a babá de Bowie (que também haviam estado com ele no Château). Havia também um escritório de trabalho e um ateliê — Bowie começara a pintar retratos num estilo bastante inspirado no expressionismo. Em seu quarto, pendurado acima da cama, havia um retrato do romancista japonês

Yukio Mishima (1925-1970), que cometeu suicídio obedecendo a um ritual espetacular após uma tragicômica tentativa de golpe (ou seja, um personagem muito no estilo de Bowie).

Bowie parou de tingir o cabelo de laranja, deixou crescer o bigode e começou a usar macacões de operário como uma espécie de disfarce, embora um dos prazeres de Berlim fosse que ninguém o incomodava muito, em todo caso. Ele rapidamente entrou em uma rotina de ficar na cama até a tarde, depois tomar café, suco de laranja e fumar um cigarro antes de caminhar até o Hansa, onde costumava varar a noite. Os prazeres diurnos, quando se entregava a eles, incluíam vagar por cafés e passear de bicicleta pelos amplos espaços da cidade com Iggy e Coco. "Eu simplesmente não consigo expressar a sensação de liberdade que tive lá", Bowie disse à revista *Uncut* em 2001. "Havia dias em que nós três entrávamos num carro e dirigíamos como loucos pela Alemanha Oriental, até a Floresta Negra, parando em qualquer pequena aldeia que nos chamasse a atenção. Essas viagens levavam dias. Ou então fazíamos longos almoços à tarde no Wannsee, nos dias de inverno. O lugar tinha um telhado de vidro e era cercado por árvores, e ainda exalava a atmosfera da Berlim dos anos 1920, há muito desaparecida."

Com frequência, Bowie visitava galerias de arte de ambos os lados do Muro, mas seu favorito era o Brücke-Museum, em Dahlem, nos subúrbios de Berlim, dedicado a um grupo de artistas que atuava em Berlim e Dresden antes da Primeira Guerra Mundial. O movimento Die Brücke — que incluía artistas como Kirchner, Bleyl, Heckel e Nolde — desenvolveu um estilo impressionista de pintura que não visava a qualquer tipo de leitura realista de um tema, mas, sim, uma emoção íntima. As paisagens são simplificadas a pinceladas largas, as cores são abstraídas até que se libertam do objeto, que por sua vez torna-

-se um mero veículo para expressar o estado interior. Assim como os cubistas na França foram inspirados pela natureza despojada e exagerada da arte primitiva, os artistas do Die Brücke buscaram inspiração nas linhas grossas e no desenho simples de xilogravuras medievais para criar uma versão alemã da cena de vanguarda em Paris. Embora a renovação espiritual fosse um tema predominante, as próprias obras transmitem uma sensação de angústia sombria e melancolia nostálgica; os retratos muitas vezes dão uma impressão de distância, como máscaras assombradas.

Os artistas do Die Brücke (e o expressionismo em geral) eram mais do que apenas fantasias passageiras para Bowie; seu interesse por eles persistia desde a escola de arte. "Quando eu estava em Berlim, encontrava xilogravuras antigas de artistas do Die Brücke em pequenas lojas a preços inacreditáveis. Comprar essas coisas era maravilhoso." Há uma clara relação filosófica entre a obra desses artistas e a guinada interior do segundo lado de *Low*, a ideia de paisagem como emoção: "Era uma forma de arte que refletia a vida não por evento, mas por humor", disse Bowie em 2001, "e eu sentia que meu trabalho estava caminhando para esse lado".

À noite, Bowie explorava outra camada do mito de Berlim. A cena dos clubes noturnos era uma mistura bizarra do muito novo com o muito velho, um pouco como a população da própria Berlim na época — a geração intermediária tendo sido tragada no cataclismo da guerra. "Nightclubbing", de Iggy Pop, dá uma boa ideia do que era ser parceiro de noitada de Bowie. Os dois frequentavam cabarés e um bar de travestis cujos assentos de veludo e espelho esfumaçado remontavam a antes da guerra, tendo sido preservados, como explicou a Bowie um velho marchand de 75 anos que frequentava o lugar desde os dias de Marlene Dietrich, na década de 1920. No clube de Romy Haag, o "cabaré ficava sobre um palco de cerca de três metros de largura, e costumava haver até vinte pessoas nesse palco fazendo todas aquelas vinhetas rápidas", lembra Visconti. "Colocavam luzes estroboscópicas sobre elas, que então dublavam as canções. Lembro que a própria Romy fez uma excelente performance de 'Amsterdam', de David, mas era tudo acelerado, de modo que a voz atingia uma extensão feminina. Era bem bizarro, você se sentia dentro de um filme de Fellini." Esse era o lado Christopher Isherwood de Berlim, que fascinou Bowie durante seus meses iniciais na cidade. Fotos da época o mostram bastante incorporado ao papel de berlinense da era de Weimar, com seu chapéu fedora e seu sobretudo de couro.

Na outra ponta da equação etária, Berlim também estava cheia de jovens, e sobretudo de artistas, atraídos para a cidade graças a generosos esquemas de subvenção do governo e dispensa do serviço nacional. A indústria havia sido varrida de Berlim Ocidental devido a seu isolamento físico, deixando para trás grandes armazéns que artistas e músicos transformavam em estúdios, com a ajuda do governo. Isso estimulava uma cultura alternativa vibrante; músicos iam e vinham pelos estúdios Hansa, e Bowie socializava com pessoas como Edgar Froese, do Tangerine Dream, com quem compartilhava um palco de ensaio construído em um velho teatro. Muitas vezes, ele "ia com os intelectuais e beats ao restaurante Exile, em Kreutzberg. Na parte de trás do estabelecimento havia um quarto esfumaçado com uma mesa de bilhar, e era quase como se fosse uma outra sala de estar, com a diferença de que as companhias estavam sempre mudando".

Mas os primeiros meses foram traumáticos. Bowie e Iggy tinham vindo a Berlim para "usar drogas na capital mundial da heroína", nas palavras de Iggy Pop — embora, felizmente, a heroína tenha exercido pouco apelo. Bowie reduzira seu consumo de cocaína, mas não erradicara o hábito completamente; havia manhãs em que ainda se trancava no banheiro. Outros dias, era capaz de entornar uma garrafa de uísque, "só para me livrar da depressão". Certa vez, foi visto em um bar, sozinho e soluçando. E ainda sofria de paranoia, obcecado com "sanguessugas" que o faziam sangrar, e por vezes recaía num distanciamento autista, recusando-se a olhar as pessoas nos olhos, fazendo rabiscos e desenhos quando tentavam falar com ele. "Sua tarefa era trabalhar, e sua alegria estava em discutir o trabalho — se é que um sussurro de sim ou não pode ser chamado de discussão", analisou um colega do Hansa.

Basicamente, quanto menos cocaína consumia, mais Bowie bebia. Um garçom de uma cervejaria em Kurfürstendamm lembra-se de vê-lo vomitando na sarjeta depois de tomar um galão de König-Pilseners. "Praticamente todas as vezes que o vi em Berlim, ele ou estava bêbado ou no processo de ficar", escreveu Angie Bowie em sua biografia. Ela costumava aparecer em Berlim sem aviso prévio, lançando Bowie num estado de perturbação emocional. Durante uma dessas visitas, ele teve um surto de ansiedade que o fez pensar que tinha problemas cardíacos e que ia acabar passando a noite no hospital. "Eu não conseguia entender por que ele tinha ido para Berlim. Ele nunca me perguntou se eu queria morar lá. Nunca ocorreu a David ficar em casa com Zowie e comigo. Seu limiar de tédio era muito intenso, não dava para viver com isso. Ele passava de gênio a errático de uma hora para outra." A situação chegou a um clímax dramático quando, em um acesso furioso de ciúme, Angie exigiu que Bowie despedisse sua assistente, Corinne Schwab. Como Bowie se recusou, Angie tentou incendiar o quarto de

Corinne, depois rasgou suas roupas e as jogou no meio da rua junto com a cama, e em seguida deixou a cidade. Angie e Bowie só voltariam a se encontrar mais uma vez, para tratar dos documentos do divórcio.

Berlim era uma ilha isolada do mundo, mas grande o suficiente para que uma pessoa pudesse se perder. Cada camada do mito de Berlim parecia refletir alguma coisa na personalidade de Bowie — os artistas expressionistas; a decadência do cabaré; a megalomania nazista; a destruição cataclísmica; o isolamento atrás do Muro; a depressão da Guerra Fria; os fantasmas que nunca partem. Acima de tudo, Berlim não era exatamente real. Suas zonas militares, os buracos de bala que ainda marcavam os edifícios, as torres de vigilância, as relíquias megalíticas de Speer, os edifícios bombardeados ao lado de prédios novos e brilhantes, os enormes tanques negros que ribombavam ao longo das ruas... como afirmou Visconti, "era bem possível que estivéssemos no set de *The Prisoner*".

Lembra-se daquele sonho?

O segundo lado de *Low* representa uma drástica mudança de humor. O art-funk nervoso e fragmentado dá lugar a quatro trilhas texturais mais longas e lentas que resvalam para o mutismo. Uma vez que Bowie deliberadamente dividiu as faixas de *Low* da forma como fez, preferindo não espalhar essas composições estilo "ambiente" ao longo do álbum, é difícil não ler aí uma metanarrativa estrutural. De certo ângulo, a divisão reflete mentalidades divididas; de outro, o segundo lado se torna a consequência lógica do primeiro. Nesse sentido, o disco tem algumas semelhanças com *Closer*, do Joy Division, que não é um álbum conceitual, mas um álbum em que o sequenciamento das faixas nos leva a um lugar cada vez mais escuro à medida que progredimos. A psicose irrequieta do primeiro lado de *Low* descreve uma mentalidade que poderia ter conduzido a algo igualmente suicida (assim como *The Idiot* se encerrava com a mórbida e terminal "Mass Production"). Mas, embora as faixas do segundo lado estejam encharcadas de melancolia, elas não são nem suicidas nem inteiramente niilistas. Há inclusive algo vagamente edificante nas três primeiras. Elas são, no entanto, profundamente solipsistas. O autismo e a introversão das letras do primeiro lado encontram aqui sua contraparte sem palavras, à medida que a música decola e passa a girar em órbita interna, livre de pontos de referência exteriores. Como as paisagens dos artistas do Die Brücke, as quatro composições descrevem superficialmente um lugar (Varsóvia na primeira faixa, Berlim nas outras três), mas esse lugar é na verdade apenas um pretexto, um veículo para um estado de humor. E, no caso de "Warszawa", Bowie só esteve na cidade por uma questão de horas, enquanto trocava de trem. Se ela pretende ser um retrato de Varsóvia, como insinua seu título, trata-se de um retrato pintado com a mais ampla das pinceladas.

"Warszawa" é a única faixa do álbum em que Eno é creditado como coautor (embora, estranhamente, ele também apareça como coautor de "Art Decade" nos créditos de *Stage*, um álbum ao vivo). Ela começou a ser criada quando Bowie disse a Eno que queria algo lento e que passasse uma sensação muito emotiva, quase religiosa. Eno sugeriu que começassem estabelecendo uma faixa com 430 batidas por minuto (BPMs) (o mesmo método foi usado em "Art Decade" e "Weeping Wall"). Isso lhes fornecia um andamento, propiciando a improvisação sobre o pulso escolhido e permitindo caminhos menos convencionais que os clássicos compassos $3/4$ ou $4/4$. Esse pulso tem semelhanças com o groove minimalista usado por compositores como Philip Glass e Steve Reich. Uma vez que chegavam a cerca de sete minutos de cliques em fita, Visconti berrava os números de clique em outra faixa. Isso lhes permitia construir a obra: não havia compassos musicais, apenas acordes e seções chegando e sobrepondo-se em número de cliques escolhidos aleatoriamente, como no clique 59, por exemplo. A técnica oferecia espaço para respirar, sem as restrições convencionais de frases de dois, quatro ou oito compassos. Eles usaram os teclados Roland e Yamaha disponíveis no Château, além do sintetizador EMS de Eno e do *chamberlin* de Bowie (um precursor do mellotron que funcionava à base de fita). Um piano e uma guitarra também foram usados, mas receberam tratamento pesado de Visconti.

Quase todo o trabalho instrumental foi feito por Eno, enquanto Visconti acompanhava Bowie em Paris, onde haveria audiências do processo que o cantor movia contra o ex-empresário. Eno relata: "Em vez de desperdiçar tempo de estúdio, decidi começar uma faixa sozinho. Se ele não gostasse, eu pagaria pelo tempo de estúdio e ficaria com ela para mim." O filho de Visconti, Delaney, também deu uma mãozinha nos procedimentos. Certa tarde, o garoto de quatro anos estava sentado ao piano do estúdio tocando repetidamente as notas lá, si e dó. Eno sentou-se ao lado dele e completou a melodia do que viria a ser o tema de "Warszawa".

Quando Bowie retornou de Paris, Eno tocou para ele o que tinha feito. "Assim que ouviu, David disse: 'Traga-me um microfone'", lembrou Eno em 1995. "Ele é muito rápido quando começa uma coisa, realmente um cantor brilhante — acho que as pessoas não percebem com quanta precisão ele consegue ajustar seu canto, em termos de escolher uma determinada abordagem emocional: a forma como ele faz isso é realmente científica, muito interessante. Ele diz: 'Acho que está um pouco teatral demais nesse ponto, deveria ser mais reservado e introspectivo', e aí ele começa a cantar de novo e você percebe uma mudança de um quarto de grau que faz toda a diferença… Ele capta o humor de uma paisagem musical, aquelas do tipo que eu poderia fazer, e consegue dar a ela um foco nítido, tanto com as palavras que usa quanto com o estilo de canto que escolhe."

Bowie escreveu toda a letra em cerca de dez minutos. Visconti tinha um disco de um coro de meninos dos Bálcãs de que ele gostava, e Bowie queria fazer algo com o mesmo sentimento. Visconti desacelerou a fita em dois semitons para que Bowie cantasse a parte aguda, de modo que, quando a fita tocasse na velocidade normal, ele soasse como um jovem coralista. As palavras estão em uma língua inventada que soa vagamente a uma língua do Leste Europeu, levemente étnica e muito atmosférica, como se pertencesse ao mesmo tempo a um passado e a um futuro distantes. Talvez haja uma conexão com a poesia sonora dadaísta, e sua relação com o primitivismo e o expressionismo (Eno samplearia o poeta sonoro Kurt Schwitters em *Before and After Science* no ano seguinte). Em todo caso, o rompimento com a semântica nesta faixa e em "Subterraneans" é uma jogada de mestre, que dá a essas canções a estranha sensação de se estar assistindo a um filme em língua estrangeira, no qual você é capaz de sentir todos os diferentes estados de espírito sem entender o enredo. Ela segue o princípio expressionista em que o objeto pintado pode quase ser qualquer coisa, à medida que as cores e pinceladas o obliteram para refletir o estado interior. O "nada a dizer" de "Sound and Vision" encontra sua verdadeira expressão e seu significado no segundo lado de *Low*.

"Warszawa" é uma trilha lenta, com badaladas, que me lembra um pouco "Cantus in Memory of Benjamin Britten" (1977), do compositor estoniano Arvo Pärt. Ela começa com oitavas simples em lá, seguidas por uma melodia modal também em oitavas, e então modula para ré sustenido menor na seção principal. O canto sincero e desconexo de Bowie só aparece na segunda metade, no minuto 4:05, para então dar lugar novamente ao tema principal. Não há fade-out nem um fim; a faixa simplesmente cessa em determinado momento. Apesar disso, e da aleatoriedade planejada de sua construção, um sentido de profunda estrutura acaba por emergir. Alguns críticos disseram que o segundo lado de *Low* é obra de Eno, mas, para mim, a cuidadosa estruturação de "Warszawa" e suas harmonias mostram na verdade uma certa influência de Bowie sobre Eno, cujos trabalhos em música ambiente tendem a ser menos composicionais, menos interessados em harmonia e em geral menos teleológicos.

Os pedais de piano na introdução de "Warszawa" têm mais do que uma pequena semelhança com a introdução de "The Electrician", a hipnotizante e psicossexual meditação de Scott Walker sobre a tortura, gravada no ano seguinte (e descrita por Bowie como "uma das performances mais impressionantes na música popular"). Scott Walker é outra forte influência de Bowie, e, como o Kraftwerk, outro desses artistas cujas carreiras parecem se entrelaçar com a dele. Nos anos 1960, Bowie já tinha ouvido os álbuns existenciais de Walker como artista solo, e mais particularmente suas versões de canções de Jacques Brel. As gravações de Brel feitas pelo próprio Bowie ("My Death" e "Amsterdam") eram muito mais Walker do que Brel, e usavam as mesmas traduções soltas de Mort Schuman. A carreira de Walker prosseguiu aos tropeços ao longo da maior parte dos anos 1970, mas em 1977 ele escreveu e cantou quatro faixas em *Nite Flights*, um álbum dos Walker Brothers que passeia por território muito semelhante ao de *Low* e *"Heroes"*, misturando batidas funk/disco com sintetizadores dissonantes, guitarras estridentes e letras fragmentadas com inclinações modernistas ("The Electrician" é uma espécie de atualização do sr. Kurtz, personagem criado por Joseph Conrad). Walker tinha ouvido *Low* antes de embarcar em suas próprias faixas experimentais sombrias, e enviou a Bowie uma cópia de *Nite Flights* em seu lançamento no início de 1978, apesar de nunca terem se conhecido. Bowie ficou entusiasmado; alguns anos depois, ofereceu a Walker seus serviços como produtor, mas ao que parece Walker recusou a oferta (ele mais tarde entrou em estúdio com Eno, mas no fim das contas nada resultou desse projeto). Vários anos depois, Bowie gravou sua própria versão de "Nite Flights", em *Black Tie White Noise* (1993). Mais recentemente, ele falou sobre o operístico *Tilt* (1995) — uma entrada tardia e fascinante de Scott Walker no cânone modernista.

Tudo que cai

"Art Decade" foi iniciada no Château, mas finalizada nos estúdios Hansa. Bowie disse que ela é sobre Berlim Ocidental, "uma cidade isolada de seu mundo, da sua arte e da sua cultura, morrendo sem esperança de desforra". Na verdade, ela não soa tão depressiva assim, ainda que em termos de instrumentação e texturas deixe a impressão de um mundo capturado logo antes de desaparecer, com o declínio constante do tema principal e os estranhos efeitos eletrônicos, de som quase orgânico, que vão diminuindo de volume e em seguida desaparecem. O título faz trocadilho com "decayed" [decadente], mas também evoca "art déco", e o sentimento de nostalgia pela elegante inocência de uma era logo antes do cataclismo das trincheiras. Uma parte de violoncelo, escrita por Visconti e interpretada pelo engenheiro de som Eduard Meyer, adiciona calor a esta trilha luminosa, que lembra o trabalho do Harmonia e dos primeiros tempos do Kraftwerk, quando a banda era mais pastoral.

De acordo com Eno, "Art Decade" "começou como uma pequena melodia tocada [por Bowie] no piano. "Na verdade, nós dois tocávamos, porque era a quatro mãos, mas quando terminamos David não gostou muito e meio que se esqueceu dela. Mas, durante os dois dias em que ele esteve fora, finalizei uma trilha ['Warszawa'] e desencavei esta outra, para ver se podia fazer alguma coisa com ela. Coloquei todos aqueles instrumentos sobre o que tínhamos e então ele gostou e percebeu que havia esperança afinal, e trabalhou com esse material, acrescentando mais instrumentos. Na verdade, 'Art Decade' é a minha música favorita do disco." Ela começa com uma introdução enigmática e abafada que soa como se estivesse vindo de um lugar muito distante. O motivo modal principal faz uma entrada abrupta, é repetido várias vezes, e é então congelado em uma sequência de quatro notas repetidas hipnoticamente, como se um fade-out fosse iminente, embora não seja.

Essa repetição infinita, com pequenas alterações, lembra o compositor minimalista Philip Glass e a predileção do minimalismo pela repetição e pela textura sobre a complicação melódica. Na verdade, o segundo lado de *Low* mostra uma influência minimalista que já era aparente em *Station to Station* (não apenas na faixa-título, mas também nas repetições tensas de "Golden Years"). E Glass é mais um daqueles artistas com quem Bowie tinha um entrelaçamento musical. Bowie tinha visto *Music for Changing Parts*, de Glass, em 1971, e pouco depois os dois se conheceram e estabeleceram uma relação amistosa. Na época da gravação de *Low*, Bowie certamente estava ouvindo Glass, e vice-versa, como atesta o próprio Glass: "Lembro-me de falar com David na época e de ficar impressionado ao saber que *Low* estava destinado a ser parte de uma trilogia. Eu nunca tinha visto música pop concebida com esse nível de ambição artística. Na época, pensei que gostaria de fazer alguma coisa com aquele material, mas não levei a ideia adiante." Embora o período de gestação tenha sido longo, ele acabou por concretizá-la. Sua *Low Symphony*, baseada em três faixas do álbum ("Subterraneans", "Some Are" [um outtake de *Low*] e "Warszawa"), foi escrita na primavera de 1992 e estreou em 1993. Particularmente, acho decepcionante o que Glass fez com *Low*, e digo isso na condição de fã do trabalho de Glass. Ele basicamente pega as linhas melódicas de Bowie e Eno e então as "glassifica" e arranja de maneira bastante convencional. Glass parece perder de vista que o que torna *Low* interessante é a sua natureza de estúdio. Nesse caso, não é possível separar a música dos processos que a produziram porque, ao fazer isso, o seu ingrediente mais distintivo é removido. Contudo, o experimento enfatiza a relação autossuficiente entre pop e minimalismo. Porque embora o minimalismo seja uma clara influência em *Low*, a música popular em si tinha uma forte influência sobre o minimalismo. O groove minimalista é o equivalente, na música clássica, a uma batida pop, e as repetições e estruturas melódicas simplificadas também fazem lembrar as restrições do single de três minutos do final dos anos 1950 e início dos anos 1960.

As repetições de "Art Decade" não são resolvidas, mas transformam-se em um clímax gradual e moderado, que então dá lugar mais uma vez ao tema principal, cortando diretamente a sequência de quatro notas. Bowie e Eno também utilizam aqui a técnica do clique do metrônomo, e a aleatoriedade das mudanças de sequência funciona bem. Esse ressurgimento brusco do tema principal é quase o oposto daquilo que Eno faz nas trilhas estilo ambiente de *Another Green World* — e, de fato, está bastante em desacordo com todo o conceito de música "ambiente". Ao final, confere à faixa certa simetria, uma marca composicional mais típica de Bowie que de Eno.

Pulsos

A fugidia "Weeping Wall" é a única faixa do álbum que foi inteiramente gravada em Berlim. E ela é, claro, "sobre o Muro de Berlim — toda a angústia em torno dele", embora o título também ecoe o Muro das Lamentações de Jerusalém, com conotações semelhantes de exílio e lamento. Trata-se de uma produção exclusiva de Bowie — ele toca todos os instrumentos, e Eno disse não ter tido nada a ver com a sua criação.

Trata-se também da faixa do disco mais marcada pelo minimalismo — a ponto de quase poder passar como uma composição de Steve Reich. Ela tem muitas semelhanças com as seções de pulso da obra seminal de Reich, *Music for 18 Musicians*. Fiquei muito surpreso ao saber que a obra de Reich não foi lançada em disco pela ECM até 1978, bem depois de *Low*, mas um pouco de pesquisa revela que ela teve sua estreia europeia em Berlim, em outubro de 1976 — ou seja, no mesmo mês em que Bowie compôs "Weeping Wall". Reich confirma que Bowie esteve naquele concerto. Por vezes considerado o progenitor do sampling, Reich é um bom exemplo do modo como o minimalismo e a música popular enriqueceram um ao outro. De uma entrevista de 1999: "Corte para 1974. Meu conjunto está fazendo um concerto em Londres, e ao final da apresentação chega um jovem com cabelos longos que olha para mim e diz: 'Como vai você, sou Brian Eno.' Dois anos depois estamos em Berlim e David Bowie está lá, e eu penso comigo mesmo: 'Isso é ótimo, é justiça poética.' Sou o garoto sentado no bar ouvindo Miles Davis, John Coltrane, e agora essas pessoas estão me ouvindo!"

A composição de Reich e "Weeping Wall" compartilham uma qualidade sonora semelhante graças à mistura de canto sem palavras, xilofones e sobretudo de um vibrafone que Bowie encontrou abandonado no Hansa (uma espécie de marimba com um vibrato especial, inventada por Herman Winterhoff em 1916). O resultado tem o sabor do gamelão javanês (um instrumento parecido com o vibrafone utilizado nas orquestras tradicionais indonésias) e intensifica a sensação "étnica" do segundo lado, iniciado com os lamentos de Bowie em "Warszawa". Tanto "Weeping Wall" quanto "Music for 18 Musicians" privilegiam uma espécie de pulso em vez de um ritmo mais convencional, visando a uma certa "quietude em movimento". O interesse de Reich nesta fase era em harmonia e qualidade tonal, não em construção melódica — um espelho das inclinações de Bowie e Eno pelas texturas na mesma época. Há poucos sinais de melodia nas composições pulsantes de Reich, apenas uma série de ligeiras mudanças harmônicas que ocorrem em certos intervalos, muitas vezes apenas inversões de acorde menor para maior, e vice-versa. Mas há uma breve linha melódica em "Weeping Wall", embora com importância secundária em relação ao pulso e à textura da instrumentação. Ela é tocada primeiramente no ARP de Bowie e então repetida com variações, como um canto. Na verdade, são as primeiras notas de "Scarborough Fair" tocando repetidamente. O empréstimo pode muito bem não ter sido intencional, mas acrescenta certo misticismo pastoral à trilha.

"Weeping Wall" se afasta de Reich em sua execução de sons orgânicos (instrumentos de percussão, vocais) contra sons pesadamente sintéticos — uma das estratégias-chave de *Low* em termos musicais. Com o acompanhamento efervescente de um xilofone e um vibrafone, Bowie mais uma vez utiliza a técnica do clique do metrônomo para introduzir aleatoriamente cantos e zunidos, sintetizadores e um riff distorcido de guitarra, o que confere à composição um sabor próprio. Embora haja ali uma sensação misteriosa de anseio, a trilha tem também uma leveza divertida, além de energia. Ela impõe uma distância, mas não me parece particularmente depressiva, e sua relação com as angústias do Muro de Berlim não é muito aparente. Mas, como nas outras faixas do segundo lado, não é realmente possível escapar de sua interioridade e da sensação de estar ouvindo a trilha sonora de imagens para sempre trancadas dentro da cabeça de outra pessoa. E, como quase todas as outras faixas do disco, ela não tem um final efetivo, terminando de maneira abrupta em um momento aparentemente aleatório.

Vida futura

Um breve comentário sobre a vida futura do álbum, antes de passarmos à última faixa. A mixagem de *Low* foi concluída nos estúdios Hansa-by-the-wall em 16 de novembro de 1976. A gravadora de Bowie, a RCA, a princípio tinha intenção de lançá-lo no Natal, mas, quando ouviu o produto acabado, ficou surpresa com a sua falta de potencial comercial e adiou o lançamento. Um executivo da gravadora teria dito que compraria pessoalmente uma casa na Filadélfia para que Bowie pudesse escrever e gravar *Young Americans II*. Até mesmo Tony DeFries, um ex-empresário de quem Bowie havia se separado há muito tempo, mas que detinha uma porcentagem de suas vendas, voltou à cena por um breve momento. Visconti revela: "Tony DeFries chegou de repente e agiu como se ainda fosse o empresário de David. A RCA queixava-se de que não havia vocais suficientes... David apenas olhou para as linhas pequenas do contrato que diziam que eles tinham de lançar o disco." O álbum foi finalmente lançado em meados de janeiro de 1977, uma semana após o trigésimo aniversário de Bowie. Em face das reservas da gravadora, e apesar de Bowie ter se recusado a dar entrevistas ou a participar de qualquer atividade de promoção do disco, não se pode dizer que *Low* foi um fracasso comercial, tendo alcançado o número 2 nas paradas britânicas e o número 11 nos Estados Unidos.

A capa do álbum mostra um fotograma pesadamente tratado de *O homem que caiu na Terra*, já usado numa reedição de bolso do romance original de Walter Travis e concebido por George Underwood, velho amigo de escola de Bowie. A essa altura, *O homem que caiu na Terra* já não era mais exibido nos cinemas, então a capa não tinha o objetivo de promover o filme, e aponta para a conexão que Bowie fez entre a película e o álbum. A capa de *Station to Station* já usava um fotograma do filme — uma imagem em preto e branco de um Thomas Jerome Newton elegantemente vestido, pisando em sua nave espacial. A imagem em *Low* é bem diferente, mostrando um Bowie inexpressivo visto de perfil (título e imagem se unem para criar o trocadilho com "low profile"), vestindo um casaco inglês nada elegante. A cor prevalecente é um laranja outonal. O cabelo de Bowie tem exatamente o mesmo tom do vertiginoso pano de fundo, que lembra o estilo de Turner, enfatizando o conceito solipsista de lugar refletindo a pessoa, objeto e sujeito fundindo-se em uma só coisa.

As biografias de Bowie tendem a dizer que *Low* foi mal recebido pela imprensa quando de seu lançamento, o que talvez seja verdade no caso dos Estados Unidos, mas uma rápida pesquisa nas publicações musicais do Reino Unido na semana de 22 de janeiro de 1977 revela resenhas em geral muito mais positivas do que negativas, embora os críticos estivessem bastante confusos com a nova direção de Bowie. Os textos estão impregnados dos melancólicos sociologismos de meados dos anos 1970 que não têm grande relevância para *Low*, mas, no entanto, refletem a alienação do álbum. "Conceitualmente, estamos partindo de onde *Station to Station* parou: a escravização do mundo ocidental ao tempo e a consequente desvalorização do lugar", informa-nos o *NME*. "*Low* é o ÚNICO álbum de rock contemporâneo", e o segundo lado é "incrivelmente belo se você consegue afastar a ideia de que se trata de algum tipo de insulto pessoal". Na *Sounds*, Tim Lott declarou que "*Low* é a obra mais difícil em que Bowie já pôs o nome". O ouvinte precisa se esforçar, mas, "no fim das contas, [o álbum] funciona, ainda que em um nível incomum e semioculto". Para a *Melody Maker*, *Low* é "estranhamente a música de Agora — não exatamente popular no momento, mas o que parece ser apropriado para os tempos atuais. Bowie é brilhante em sua dissecação da comunicação de massa".

Em todo caso, não demorou muito para que *Low* fosse percebido como um marco, uma obra exemplar em si e para o desenvolvimento da música popular. Muito do pós-punk deve sua existência a algum tipo de combinação das personas de Bowie na era do glam e nos tempos de Berlim; à injeção de elementos sintéticos promovida por Bowie e Eno na canção pop de três minutos; à bateria agressiva de Visconti e Dennis Davis; ao híbrido funk/eletrônico do álbum; à guinada rumo a uma estética europeia; ao experimentalismo do segundo lado; à apropriação da alienação modernista. Em 2000, o Radiohead estava tentando fazer coisas semelhantes com *Kid A* ("Treefingers", a faixa instrumental desse álbum, poderia ter estado em *Low*).

Desde o seu lançamento, o prestígio de *Low* entre os críticos continuou a crescer, e o álbum, de uma forma ou de outra, continuou a viver e evoluir. *Stage*, disco ao vivo lançado em 1978, traz várias versões de faixas de *Low*; e a reedição feita pela Ryko em 1991 incluiu três faixas extras — um remix dispensável de "Sound and Vision" e dois outtakes das sessões originais de *Low*, ambos creditados a Bowie/Eno. "All Saints" é um elaborado tema instrumental criado em sintetizador, e até interessante, mas não leva a lugar algum e soa como bandas synth alemãs, como o Cluster. "Some Are", entretanto, é uma joia: uma composição frágil e atmosférica com imagens invernais, um coro fantasmagórico em segundo plano e estranhos ruídos semiorgânicos que transpiram o mesmo tipo de quietude de "Art Decade". Ela poderia facilmente ter sido incluída no segundo lado do disco; meu palpite é que tenha sido deixada de fora porque sua introdução no piano é semelhante demais à de "Warszawa". Em 1992, Philip Glass estreou sua *Low Symphony*; e, em 2002, Bowie executou o álbum em sua totalidade, como parte de sua curadoria do Meltdown Festival de Londres. Ao longo dos anos, seus discos vêm sendo aos poucos relançados em edição dupla comemorativas de trigésimo aniversário, com faixas bônus. Tem-se a expectativa de que surjam ainda materiais extras de *Low*. (Uma biografia mais recente fala de "dezenas de canções agridoces" gravadas durante as sessões de *Low*, mas nunca lançadas porque Bowie queria um som mais duro. A inédita trilha sonora de *O homem que caiu na Terra* pode ser outra candidata, uma vez que Paul Buckmaster aparentemente ainda possui as gravações em DAT em seu arquivo.)

Saudades de casa

A última faixa de *Low* — e para mim o momento mais comovente do álbum — também foi a primeira a ser concebida, tendo sua origem nas sessões de *O homem que caiu na Terra* realizadas no final de 1975. "Subterraneans" é aparentemente sobre "as pessoas que ficaram presas em Berlim Oriental após a separação — daí os tênues saxofones de jazz, representando a memória do que era". Trata-se de uma composição sombria e hermética, com uma sequência de cinco notas de baixo que se repete em intervalos ao longo da trilha. Sobre essa base, Bowie dispõe linhas de sintetizador ainda mais lentas, bem como desorientadores sons invertidos de fita — algo que já tinha feito com bons resultados na introdução de "Sweet Thing", de *Diamond Dogs*, e que voltaria a fazer em "Move On" (*Lodger*). Há uma melodia melancólica sem palavras, e então, no minuto 3:09, surge uma linha de saxofone maravilhosamente emotiva (um toque muito típico de Bowie). O instrumento é tocado pelo próprio David no pesaroso modo dórico, e traz uma sensação de jazz improvisado. Há nele uma dor que poderia de fato refletir a situação dos berlinenses orientais presos atrás do Muro, mas ela é na verdade apenas uma abstração desse sentido universal da tristeza das coisas desaparecidas.

Originada a partir da trilha sonora de um filme, "Subterraneans" poderia facilmente ser a paisagem mental de Thomas Jerome Newton à medida que ele se recorda de uma família e de um lar perdidos em um mundo alienígena. Seu título faz pensar em um submundo escuro, em uma civilização forçada a se retirar para o subterrâneo, na esteira de algum grande cataclismo. Na verdade, para mim, ela lembra o enigmático curta-metragem *La Jetée* (1962), de Chris Marker. O filme conta "a história de um homem marcado por uma imagem da infância", e usa narração em off e fotografia expressionista em preto e branco para evocar um mundo subterrâneo na sequência de uma catástrofe nuclear, explorando todos aqueles temas — como memória, perda, sonho, destino e os onipresentes fantasmas — que "Subterraneans" também parece evocar. (*La Jetée* mais tarde inspirou o vídeo de "Jump They Say", canção que Bowie escreveu em 1993 sobre seu meio-irmão esquizofrênico Terry.)

No minuto 3:51 (mais uma vez bem no meio da faixa — as palavras sempre demoram a aparecer nesse álbum), surge a letra absurda: "share bride failing star, care-line, care-line, care-line, care-line, briding me shelley, shelley umm" [compartilhar noiva estrela falha, linha de atendimento, linha de atendimento, linha de atendimento, linha de atendimento, desposando-me shelley shelley umm] (ou algo assim). É meio Kurt Schwitters, meio Lewis Carroll. Não significa nada (a menos que "failing star" seja uma referência a *O homem que caiu na Terra*), mas ainda assim é extraordinariamente tocante — como se Bowie estivesse procurando desesperadamente interpretar os pensamentos finais de um mundo agonizante antes que fosse tarde demais. É uma ruptura mais extrema da comunicação do que a língua imaginária do Leste Europeu usada em "Warszawa", porque há palavras em inglês que somos capazes de reconhecer, mas que não formam nenhuma unidade gramatical ou semântica. Chegamos ao ponto em que as palavras são reconfiguradas em uma linguagem completamente particular, num ato supremo de autismo.

A linguagem — seu desvio, sua recusa, a remoção de seu sentido, a tentativa de superá-la — é uma preocupação fundamental de *Low*. O monossílabo *Low* já é um título radicalmente mínimo, e o encarte com as letras do álbum tem apenas 410 palavras (em contraste com as mais de 2 mil de *Diamond Dogs*), o que mal equivale a um parágrafo de texto. A recusa da linguagem é também a recusa da narrativa, outra das preocupações de Bowie em *Low*: "Eno me tirou da narrativa", disse ele na época. "Brian realmente abriu os meus olhos para a ideia de processamento, para a abstração da jornada do artista." Contar histórias era algo que a música popular inglesa sempre tinha feito e continuara a fazer na era pop com os Beatles, os Kinks, os Stones e depois com David Bowie, com seus álbuns quase conceituais do início dos anos 1970 e as vinhetas oblíquas de canções como "Panic in Detroit" e "Young Americans". Por outro lado, boa parte da música experimental alemã da época tinha se afastado do impulso narrativo, exceto talvez em um sentido estrutural abstrato. Um álbum como *Tago Mago*, do Can, faz algo semelhante a *Low*, com seu experimentalismo funk do primeiro lado dando lugar ao irrequieto espaço interior do segundo, onde não só as palavras, mas a música em si, são mais ou menos descartadas em favor da textura sonora. Implícita na rejeição da narrativa está a rejeição de uma certa tradição romântica.

Derrube seu avião, vá embora

"Subterraneans", e o próprio *Low* em si, termina num impasse. Após o encantamento emocional e sem sentido de Bowie, o canto em estilo gregoriano retorna, assim como o saxofone, fazendo um corte fraco, hesitante, numa espécie de linha melódica, antes que o edifício venha abaixo, novamente no que parece ser o meio da faixa. O final dramático que Bowie havia nos dado em álbuns anteriores nos é recusado. Não há suicídios rock-and-roll, canções sentimentais histriônicas, histeria distópica, *femmes fatales* que serão o seu fim.

Acho que a letra sem sentido de "Subterraneans" tem algo de infantil, de uma criança pequena lutando para explicar o inexplicável com uma confusão de palavras que ela ainda não entende. Contra o pano de fundo de línguas imaginárias, zunidos, cantos e vocais sem palavras do segundo lado, as imagens do primeiro, tendo o quarto como refúgio, agora começam a ficar mais claras, a dar a sensação de um retorno psicanalítico. Deixamos *Low* com a sensação de termos feito uma jornada sem mapa, de trás para a frente, para o mundo cego e pré-lingual que permanecerá para sempre misterioso.

Paris, maio de 2005

Nota sobre as referências

Algumas das citações diretas de Bowie, Eno, Visconti e outros foram extraídas das obras listadas na página a seguir, em particular as de David Buckley e Kerry Juby. No entanto, a maior parte vem de uma ampla gama de artigos publicados na imprensa musical até o início dos anos 2000. As citações de Laurent Thibault são traduções minhas de *Mémoires d'un idiot*, de Christophe Geudin (*Recording Musicien*, março de 2002). Para referências específicas das demais citações, favor entrar em contato através do e-mail <hugowilcken@hotmail.com>.

© Editora de Livros Cobogó, 2018

Organização da coleção
Frederico Coelho e Mauro Gaspar

Editora-chefe
Isabel Diegues

Edição
Fernanda Paraguassu, Natalie Lima e Valeska de Aguirre

Gerente de produção
Melina Bial

Tradução
Diogo Henriques e Fernanda Mello

Revisão de tradução
Silvia Rebello

Revisão final
Eduardo Carneiro

Capa
Radiográfico

Projeto gráfico e diagramação
Mari Taboada

CIP-BRASIL. CATALOGAÇÃO-NA-FONTE
SINDICATO NACIONAL DOS EDITORES DE LIVROS, RJ

W659d
Wilcken, Hugo, 1964-
David Bowie: Low / Hugo Wilcken; tradução Diogo Henriques, Fernanda Mello. - 1. ed. - Rio de Janeiro: Cobogó, 2018.
152 p.; 19 cm. (O livro do disco)

Tradução de: Low
ISBN 978-85-5591-049-4
1. Música. I. Henriques, Diogo. II. Mello, Fernanda. III. Título. IV. Série.

18-48438	CDD: 786.2
	CDU: 78.089.7

Leandra Felix da Cruz - Bibliotecária - CRB-7/6135

Nesta edição foi respeitado o Acordo Ortográfico da Língua Portuguesa de 1990, que entrou em vigor no Brasil em 2009.

Todos os direitos em língua portuguesa reservados à
Editora de Livros Cobogó Ltda.
Rua Jardim Botânico, 635/406
Rio de Janeiro — RJ — 22470-050
www.cobogo.com.br

Bibliografia

Livros:

Bowie, Angie. *Backstage Passes*. Nova York: Cooper Square Press, 2000.

Buckley, David. *Strange Fascination*. Londres: Virgin Publishing, 2001.

Gillman, Peter e Gillman, Leni. *Alias David Bowie, a Biography*. Nova York: Henry Holt & Co, 1987.

Juby, Kerry. *In Other Words*. Londres: Omnibus Press, 1986.

Pegg, Nicholas. *The Complete David Bowie*. Londres: Reynolds & Hearn, 2004.

Power, David. *David Bowie: A Sense of Art*. Londres: Paupers Press, 2003.

Sandford, Christopher. *Bowie: Loving the Alien*. Da Capo Press, 1998.

Thompson, Dave. *David Bowie: Moonage Daydream*. Londres: Plexus Publishing, 1994.

Thomson, Elizabeth e Gutman, David (orgs.). *The Bowie Companion*. Cambridge, Massachusetts: Da Capo Press, 1996.

Tremlett, George. *David Bowie: Living on the Brink*. Nova York: Carroll & Graf Publishers, 1997.

Websites:

www.teenagewildlife.com
www.bowiewonderworld.com

O LIVRO DO DISCO

Organização: Frederico Coelho | Mauro Gaspar

The Velvet Underground and Nico | *The Velvet Underground*
Joe Harvard

A tábua de esmeralda | *Jorge Ben*
Paulo da Costa e Silva

Estudando o samba | *Tom Zé*
Bernardo Oliveira

Endtroducing... | *DJ Shadow*
Eliot Wilder

LadoB LadoA | *O Rappa*
Frederico Coelho

Daydream nation | *Sonic Youth*
Matthew Stearns

As quatro estações | *Legião Urbana*
Mariano Marovatto

Unknown Pleasures | *Joy Division*
Chris Ott

Songs in the Key of Life | *Stevie Wonder*
Zeth Lundy

Electric Ladyland | *Jimi Hendrix*
John Perry

Led Zeppelin IV | *Led Zeppelin*
Erik Davis

Harvest | *Neil Young*
Sam Inglis

Paul's Boutique | *Beastie Boys*
Dan LeRoy

Refavela | *Gilberto Gil*
Maurício Barros de Castro

In Utero | *Nirvana*
Gillian G. Gaar

2018

———————————

1ª impressão

Este livro foi composto em Helvetica.
Impresso pelo Grupo SmartPrinter,
sobre papel offset 75g/m².